JN076211

GACKT

超

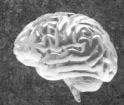

思考術

GACKT 著

序

人間が変わるのは、難しい。

なぜか？

人が変わるためには、
まず、思考そのものを変える必要があるからだ。

**思考こそが行動を支配し、
すべての結果を生み出す。**

【思考】【行動】【結果】
そのすべてがアップデートされたとき、
初めて、その人間が変われたと言える。
思考を変えるというだけでも、大変なこと。
個人個人が変わるとなれば、なおさらだ。
ましてや、日本人という国民単位で思考や生活を変えるには、
さらに、国民全体に新たな思考が浸透し
それを実践できるようになるまでには、長い年月が必要となる。

第二次世界大戦後、高度経済成長に伴い、
日本における国民の生活は、加速度的に進化した。
テレビ、携帯、PCの普及やインフラの整備など、様々な要因により
人々の生活やビジネスシーンは、変革を求められた。
それでも、日本国民全体の思考が次のフェーズに移行するまでには、
およそ50年以上もの年月を要した。

しかし、スマホの普及とIT革命により、変革期、
つまり【トランジション】が10年単位で起こるようになった。
近年ではさらに、5年単位にまで縮まっている。
この急速な変化に追いつくことのできなかった日本人の思考は、
「欧米諸国に比べて**20年遅れている**」と言われていた。

幾多の【トランジション】を経て、
時代から完全に取り残された日本人は競争力を失い、
かつての経済成長は見込めない状況に陥った。
それでも負け犬のように「我が国、日本には、まだ技術力がある」
という迷信を信じ続ける、愚かな盲信者たちが溢れていた。

そして、2020年に発生したコロナウイルスは、世界を大きく変えた。

まず、ウイルスそのものによって、世界中に苦しむ人たちが激増した。
さらに、世界経済も大きな打撃を受け続けている。

全世界が一斉に、【トランジション】を強いられた。
生活、ワークスタイル、ビジネス、そして思考。
今は、そのすべてを【トランジション】後の世界に適応させないと
生き残れない状況だ。
「早く元の世界に戻らないかな…」
などという妄言を吐いているヤツから死んでいく。
既得権益にしがみついても、その船は沈むだけだ。

オマエたちが言う、
【あの頃】に戻ることなど、無い。
時代は一方通行だ。

正しいか正しくないか、ということを議論することは無意味。
その時代の流れにいかに早く適応できるかが、重要だ。

世界中が必死。
変わらなければ生き残れない。
適応できなければ、経済的に必ず死ぬ。
そんな追い詰められた状況だからこそ、
人間は本気になり、変わることができる。
生き残るために、変わらざるを得ない状況だからだ。

【100年に一度の大チャンスの到来】

日本では、コロナ発生からの1年で、
多くの高齢者がスマホを使えるようになったり、
リモートでのワークスタイルが根づき始めたりしている。
「世界から20年遅れている」と言われていた日本が、
10年以上かかるとも言われた進化を、1年で遂げることができた。

それでも、勝者と敗者は生まれる。

生活面では外出の自粛、コロナ陽性者に対する差別。
そして経済面では職を失う、仕事が上手くいかなくなる、
店を閉店せざるを得なくなる。
そういった現実の壁が、
世界中の人たちの目の前に立ちはだかっている。

一方で現在、繁華街では、これまで空くことのなかった好立地に
空き物件が目立つようになった。
そして、その機を逃さず新規出店を果たす経営者たちが増えた。
さらには、この時期であればこそ成立するような
新事業や新サービスを展開し、ビジネスを大きく拡げるチャンスに
繋げている経営者たちも、たくさんいる。
リモートワークという仕事のスタイルを活かし、
仕事上でのアウトプットや収入を増やし、
私生活をより充実させている人たちも、激増している。

この状況下において、勝者と敗者を明確に分けたモノは何か？

【適応力】だ。

【適応力】とは、様々な不測の事態において、
タイムリーに思考をアップデートし、現況を把握し、未来を予測し、
しかるべき行動を迅速に行う力。

この【適応力】は、人生において、特にビジネスにおいて、
もっとも重要なポイントだ。

この時代に、利益を得られるか否か。
その差を分けるのは、マイナス面をチャンスと捉えられる視点と、
そこからの行動力。
つまりは、【思考の差】ということになる。

ほとんどの人間は反射で動いている。
オマエもそうか？
朝、決まった時間に起きて、顔を洗って、歯を磨いて、ご飯を食べて、
学校や会社に行って、という反射だけの人生。

それはつまり、【何も考えていない】ということ。

しかし、1つ1つの現実に対して、
【こうあるべきだ】【こう動くべきだ】【こうしなければならない】、
そういった具体的な思考を
ポジティブな行動と結びつけることができれば、
すぐには結果が出なくとも、あとに出てくる結果は大きく変化する。
思考と行動を繰り返した分だけ、人生のプラスとして返ってくる。

結果が出るのが数年後か、10年後かはわからない。
しかし、そのタイムラグを恐れるな。それは必要な先行投資だ。
いつの時代であろうと、【成功者】と呼ばれる人間は、
タイムラグを含めたサイクルを理解している。

行動した先には、常に様々な壁がある。
それらの壁を乗り越えた先で
手にする結果を【成功】と呼ぶならば、
【成功】を手にするまでの回数を重ねることで、
やがて、【成功までのショートカット】ができるようになっていく。

何か発想が浮かんだ瞬間に、強く結果をイメージしろ。
結果から逆算すれば、
やらなければならないことが【最短距離】で把握できる。
もちろん、その道のりには苦しいこともあるが、
常に結果に向かって歩くことを繰り返していくと、
発想が浮かんだ瞬間に
【結果を手に入れた自分】が見えるようになる。

そうなれるまでに何年を要するかは人によるが、
いずれ、誰もがそうなる。
手に入れるまでは苦しいが、その先で、

【成功者】が実践している
成功のループ、思考を手にすることができる。

もうすでに、
ボクたちは新しい時代にいることを認めろ。
この新しい時代に必要なのは
【適応力】、【行動力】、
そしてそれらを支配する
すべての根源、【思考】だ。

思考が結果を生み出す。
思考を変えろ。
それだけで、世界が変わる。

これまでの人生、
結果に不満があるのなら、
オマエ自身の思考を見直せ。

これからの人生、
未来に不安があるのなら、
オマエ自身の思考を変えろ。

そして、
理想の未来を
掴み取れ。

GACKT 超 思考術

結果

income

communication

relationship

関係

身体

body

GACKT'S
BRAIN

life

生

ボクの思考のすべてを
ここに記す。

result

３つの武器を持て。
「確固たる信念」
「それを突き通す強い心」
「結果にこだわる鉄の意志」

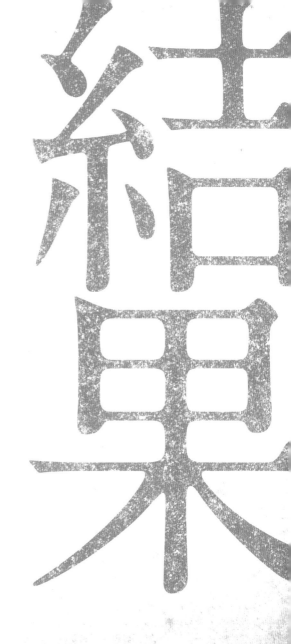

結果

結果を出すための
メンタルと習慣

ベストな選択と行動を取り続けること。
その積み重ねだけが、結果をもたらす。

これはボクが実践し、実感し、実現した、事実だ。

では、ベストな選択とは何か？　どう選択すればいいのか？
答えはシンプルだ。**迷ったら、より困難なほうを選択しろ。**
何かを選択するときに、甘えは要らない。

選択するだけでは意味が無い。**選択した行動を取り続けること、**
一度決めたことを絶対に**怠らないこと**で、初めて意味を成す。
常に、より困難なほうを選択し、怠らない。
これが、結果を出すための基盤となるメンタルと行動だ。

人生は、ルーティンの集合体。
仮にオマエの人生を80年とした場合、
その80年という一生は（1年）×（80回）のルーティンだ。
そして、1年は（1日）×（365回）となる。

結果を出すための1日をデザインし、その1日×365回×80回の
ルーティンを生きれば、**オマエは絶対に勝てる。**

まずは、トレーニングの時間、学びの時間、集中して仕事をする時間、
会食の時間など、人生のすべての時間において甘えを無くし、
努力が必要な、シンドいほうを選択するような1日をデザインしろ。
あとは、それをルーティンとして、
怠らずに、毎日、やり続けるだけだ。やってみろ。やれ。
ボクには断言できる。
オマエには、圧倒的な成功が、絶対に待っている。

オマエが従うべき相手は誰だ？

先輩、上司、親、恩師、メンター。
オマエが結果を出したいと願うジャンルの先駆者たちの言葉は、
どんな情報よりも尊いモノだ。素直に聴き、学ぶべきことを学べ。
だが、それらの言葉に従う必要は無い。
本当に従うべきは、オマエ自身が理想とする自分だ。

まず、オマエが理想とする自分を明確に脳内に実在化させろ。
理想の自分の美学、思考、取るであろう行動、発言、立ち振る舞い、
メンタルを創造し、日常的に対話する。
一度決めたことを怠りそうなとき、甘えが出たとき、
壁にぶつかったとき、悔しさや怒りで我を忘れそうなとき、
ものごとを選べないとき、
理想の自分はどんな口調で、なんとオマエに言う？
理想の自分に【ワーディング】させ、
日々、現実のオマエの行動を、理想の自分に誘導させ、操らせろ。

そしてさらに、**理想の自分から現実の自分に**
【ピアプレッシャー】を与えさせろ。
【ピアプレッシャー】とは、いわゆる【同調圧力】のこと。
理想と現実の相互監視を行い、「理想の自分はこうなのだから現実の
自分もそうしなくては」という負荷を掛ける。
現実の自分を【理想の自分】【結果を出し続けられる自分】に
誘導と圧力で近づけていけ。

ボクにも理想の自分が明確にいる。GACKTだ。
GACKTはいつもボクの3歩先を走っている。
怠れば置いていかれる。だからボクは、必死に走り続けている。

オマエ自身の行動の主導権は、いつも理想の自分に握らせろ。

自らの行動を操る方法

確証無くとも動け

やればいいだけ。

QUESTION 問
いろいろな成功者の話が
本になっていますが、書いてあることを
やるだけで、本当に成功できますか？

ANSWER 答
疑問を持つ前に、まずやれ。
それだけが、成功への道。
やらなければ、その道は閉ざされる。

要 POINT

本を読むだけで満足し、
行動に移さない人間が
9割。

GACKT'S 論

世の中の成功した人の経験やノウハウは、
本やインタビューで広く知られ、誰でも見ることができる。
しかし、プロスポーツ選手が、「毎日こうやって練習をした」と
明かしていても、**多くの人がプロにはなれない。**
なぜか？
「プロだからできることで、自分ができるのかはわからない」
そう考えて行動しないヤツが多いからだ。
できそうなことすらしないヤツも多い。オマエもそうか？
たとえば、この本を読んで、
「ああ！こうすればいいんだ！」と感じたとしても、
ほとんどの人は行動にまで移さない。
だが、逆に言えば、
多くの人がやらないからこそ、
知識として手に入れたことを行動に移すだけで、
オマエは他よりも抜きん出る。

成功するかどうかを分けているのは、
オマエがまず、やるか、やらないか、それだけだ。

やれば成功する可能性が生まれ、
やらなければ、ゼロだ。
成功するまでやれば絶対に成功する。

スタートを切れ

朝を制す者は1日を制す。

QUESTION

いつも時間が無いと感じます。
夜型か朝型の生活に振り切りたいです。
どちらのほうがいいのでしょうか？

ANSWER

仕事で結果を出したければ、
迷わず早起きしろ。
何時に寝ようが、
朝の時間を無駄にするな。

要 POINT

1日という時間は有限。
時間の使い方も
もちろん大切だが、
まずは使える時間を
確保しろ。

GACKT'S 論

成功しないヤツほど、休日にひたすら寝ている。
仕事がある日でも、「あと10分」と惰眠を貪る。

そして、朝の遅れは1日中ついてまわる。
朝からの遅れを取り戻すことで1日を失う。

しかし結果を出し続け、成功する人間は、
仕事があろうとなかろうと、早起きをしているものだ。

なぜなら、朝を制することで、
1日を制することができるからだ。

毎日は短距離走だ。
スタートで出遅れたヤツは、
前を走る相手が転ぶのを待つことでしか、1位を狙えない。
他人の事故を待つことでしか、勝負ができない人生。
クソだ。

結果を出したければ、**とっとと起きて、1日をスタートさせろ。**

朝の1時間を有効に使うだけで、オマエの1日は劇的に変化する。

ルーティンが結果を生む

日々の繰り返しが結果をもたらす。

QUESTION 問

寝ずに頑張っているのに、
結果が出ません。
どこから改善したらいいのでしょうか？

ANSWER 答

まずはオマエの、
1日のルーティンを振り返れ。
そうすればオマエが結果を出す側か、
そうでないかがわかる。

要 POINT

睡眠の時間が短くとも、
睡眠の質さえ高ければ、
仕事の質は向上し、
結果に繋がる。

GACKT'S 論

結果を出す人間は、どんなに忙しくとも、
眠りの質を高めるような毎日を過ごしている。
朝から活動し、トレーニングをし、食事の管理をしっかり行い、
集中すべきタイミングでコンディションを整え、仕事をする。
心身ともにエネルギーを使い切り、
深い眠り、【高質睡眠】で１日を終える。
一方、結果を出せない人間は、
自堕落で、体調管理も疎かにし、
【高質睡眠】不足の毎日を過ごしている。
【高質睡眠】不足は心身に様々な問題を引き起こす。
頭が冴えず、集中力は落ち、仕事のミスが増える。
メンタルは荒み、顔からは覇気も無くなる。
免疫力が下がり、心臓病や糖尿病のリスクも高まり、
性欲も減退する。
もちろん、いかなる仕事においても結果など出ない。

人生は、１日のルーティンをひたすら繰り返していくものだ。
悪習慣は慢性化すると、取り返しのつかないほどに
人生に悪影響を及ぼす。

週末に寝溜めするから大丈夫？
オマエの頭は大丈夫か？

逆算の感覚を持て

ゴールから現在地までの【逆算の地図】を描け。

QUESTION

ずっと抱いている将来の夢がありますが、
どうしたらその夢が叶うのか、
まったくわかりません。

ANSWER

まずは【なりたいモノ】【やりたいコト】
その両輪を合わせた総合図を頭に描け。
到達したい地点から、今オマエがいる
場所までを逆算で結び、辿る道を炙り出せ。

要 POINT

目指す場所が
具体的でないと、
目的地までの
地図を描くことも不可能。

GACKT'S OPINION 論

【将来の夢】と一言で言っても、オマエはきちんと
【なりたいモノ】と【やりたいコト】、その両輪が見えているか？
明確な将来像を描くなら、少なくともその両方の絵が
きちんと見えていなければならない。それらが見えさえすれば、
オマエは、自分のやるべきことを逆算して考えることができる。

オマエが、【将来なりたいモノ】と【将来やりたいコト】を
合わせて描いている、理想の目的地をZ地点と呼ぶなら、
「Z地点に行くためにはY地点の通過が必要で、
Y地点に行くためにはX地点を経由することが必要で…」と、
逆算した地図を、オマエの頭の中に描くことができるはずだ。
そうした途中経過のポイントは、学校でも、勉強でも、
会うべき人でも、世界のどこかを訪れることでも、なんでもいい。

大切なのは、【目指す場所】に向かうまでに、
【いつ】【どこで】【何をすべきか】が見えていること。
目指す場所から逆算して、今オマエがいる場所に至るまでの、
いわば【逆算の地図】をオマエが自分の脳内に描ければ、その
順路を逆に辿って、目指す場所、望む結果へと進んでいける。

まずは、逆算した地図を手に入れろ。
人生という冒険は、そこから始まる。

自分の価値の高め方

自分の価値を安売りするな。

QUESTION

自分の価値が、
周りから低く捉えられがちです。
どうしたら、自分の価値を
高く見せることができるのでしょうか？

ANSWER

ミステリアスさを醸し出せ。
安易に頑張りをアピールしないこと。
陰の努力が、オマエの価値に繋がる。

要 POINT

結果の種明かしをすると、
その場では褒められても、
【その程度】で終わる。

GACKT'S 論

特別なことがない限り、舞台裏は見せるな。
自分を安売りして、いい人ぶって、**種明かしをしてはならない。**
その瞬間は「へぇ、そうなんだ。すご～い！」などと言われて
いい気になるヤツもいるが、それで終わりだ。

努力やコツ、裏事情など、
そういったことを簡単にひけらかす人間は、
価値を低く見られてしまい、結果として舐められる。

メシのタネになっている部分や舞台裏とは、
オマエ独自の仕事を成立させるための、大切な部分だ。
重要な部分は、謎のヴェールに包んでおけ。

そうすれば、
「何が違うかはわからないが、
この人に頼めばなぜか上手くいく」
となる。

陰の努力は、墓場まで持っていけ。

みんなに魅せている
GACKTの姿は
ほんの一部だ。

第三の道

発想の転換で、【嫌い】を無くせ。

QUESTION

やりたくない仕事を
やらなければならないときは、
嫌でも我慢してやるべきでしょうか？

ANSWER

我慢してやる必要は無い。
我慢せずにできる道があるはずだ。
常識を疑い、【第三の道】を探せ。

要 POINT

二者択一の状況にこそ、
新しい答えを導く
チャンスがある。
思考を止めるな。

GACKT'S OPINION 論

ボクは昔、**音楽雑誌のインタビューが嫌いだった。**同じ内容を
何度も繰り返し話すことに、意味を感じなかったからだ。
だが、発想を変え、インタビューという場を
ボクのメッセージを発信する場として、
ボクのトーク力レベルを上げる練習の場として、
活用するようになった。
同じ話をやめ、毎回違う角度や内容で
メッセージ発信の練習をすることで、トークスキルを向上させた。

嫌なインタビューを【受ける】【受けない】
という二択ではなく、発想を変えることで、
新しい道、第三の道を切り拓くことができる。

これはビジネスの基本。
二者択一の状況で思考を停止するな。**必ず【第三の道】がある。**
そして、それが最大のビジネスチャンスになることもある。

GACKTは第三の道だけでなく、無数の道を求める。

分かれ道の前で迷うくらいなら、
GACKTはまっすぐ、
ワイルドサイドを突き進む。

手に入れた情報の活かし方

聞いて満足せず、カラダで感じてモノにせよ。

QUESTION
様々な人や書物との出会いの中、
そこで得た知識や見聞を、
どう活かせばいいのかわかりません。

ANSWER
情報を【知ること】自体には、
ほぼ意味は無い。知って得たことを
ツールとして用い、自分で体験して
初めて、意味を持ち始める。
【己の体験】に落とし込み、活用せよ。

要 POINT

情報を「聞いた」だけでは
自分のモノにはならない。
実体験することで初めて、
自分の血となり、
肉となる。

GACKT'S OPINION 論

19の頃、ボクはメンターと出会い、学びを得る機会に恵まれた。
彼の話を聴くたび、ボクは知見の深さに甚く感動し、
同時に焦った。
「これほどの話を聴いて、ボクはこれから何をすればいい？」
「次は、何を行動に移せばいい？」と。
だが、ボク同様、真剣に学んでいたはずの周囲の反応は違った。
「今日もいい話がたくさん聞けて、良かったぁ！」と。
オマエも、「いい話が聞けた」、それだけで満足していないか？
【話を聞く】段階で満足していたら、永久に成功することはない。

今の時代、少し調べれば、
玉石混交ながら数多の【情報】が手に入る。
【最短距離】【最短時間】で結果を出したい状況にいる、
明確な目的を持つ人には、**【情報】はとても有益な武器**になる。

まず、自分にとって有益な【情報】を見極められる審美眼を磨け。
そして、得た知識を**自分の経験や今後の活動の糧にしろ。**
身をもってその意味を知ることで、
【情報】は初めて価値を持つ。

【情報】は耳ではなく、カラダで味わい尽くせ。

運を待つな、掴みにいけ

宝クジが当たる確率を知っているか？

QUESTION

自分には運がありません。
何をしてもどこかツイていません。
いずれ運気は上がるのでしょうか？

ANSWER

運気などという、
見えないモノにすがるな。
ツイてないのは運のせいじゃない。
オマエ自身の思考のせいだ。

要 POINT

成功者の
「運が良かった」
という言葉の裏には、
必ず努力がある。

GACKT'S OPINION 論

宝クジの1等前後賞が当選する確率は、
0.00001%と言われている。
それでも、宝クジを買う人間は
「いつか当たるかもしれないから」と、買い続ける。
夢を見るのは自由だ。
しかし、自分の未来を運に託すのは、
宝クジに期待するのと同じ。
自分の未来を運に任せるのはやめろ。
ダサすぎる。
成功者とは、**実力で運を掴み取る者たち**のこと。
その運を掴むまでには、他人が知り得ない、
血の滲むような努力と、積み重ねてきた行動がある。
そして、ようやく圧倒的な結果を出したときに、
周囲はその成功者を、**【運がいい人】だと勝手に思っているだけ。**
だが、それでいい。
そんな瞬間が来たら笑顔でオマエは、
「そうなんだよ。本当にただ運が良かっただけ」
まだ未来を運に任せてるソイツには、そう言えばいい。
馬鹿に種明かしをする必要は無い。

「GACKTは運がいいよね」
そう言われたら、
ボクはにっこりと微笑むだけ。

頑張るだけでは意味が無い

努力のやり方をはき違えるな。

QUESTION 問

一生懸命頑張っているのに、
結果が出ないからと評価されません。
これってどうにかなりませんか？

ANSWER 答

結果を出せ。
結果で評価されるのは当たり前。
頑張っていることと結果は直結しない。
オマエの頑張りは、ただのフリでしかない。

要 POINT

そもそも、頑張りの基準は
人それぞれ。
頑張りのレベルで他人は
オマエを評価しない。

GACKT'S OPINION 論

「頑張っているんだけどな…」それはただの、
自分が努力しているという、自己アピールに過ぎない。
オマエがどれだけ「頑張っている」「誰より努力している」と
思っていても、やり方を間違えていたら意味が無い。

頑張りのレベルは個人で違う。
頑張っている、というだけではなんの評価にも繋がらない。
では、どこで評価されるのか。
それは【結果】だ。【結果のみ】だ。

人は過程で評価してもらうため、
もしくは評価を免除してもらうために、
やってるフリ、一生懸命なフリ、時間が無いフリをする。
そんなフリをしている場合か？
「結果を出せないかもしれない」と、予防線を張るな。
危機感を持って、生まれ変われ。
結果が出なければ、出るまでやればいいだけ。
結果さえ出せば、
それが「自分はやれる」という確信に変わる。

徹底的に結果にこだわれば、
おのずと、やり方や
努力の度合いが変わる。

流れ・本質・勝負所を
見抜く力

勝負強さを学びたければ、ポーカーを学べ。

ポーカーを運試しのギャンブルだと勘違いしているヤツが多いが、
それは違う。たしかに1ゲームだけの勝負なら、ジャンケンのような
運のみに頼った勝負もできる。しかしポーカーは、ゲーム数を
重ねれば重ねるほど、最後は**勝つべき人間が勝つようにできている。**

ポーカーで強くなるには、駆け引き、読み、観察力、記憶力、表現力、
信頼、勇気、ブラフ、戦略、タイミング、リスク換算など、
様々な要素が求められる。
そして勝負は、テーブルに座った瞬間から始まっている。
プロならば、ゲーム中盤あたりには、場に出ているカードや、
それまでの他のプレイヤーの特性、クセ、立ち振る舞いなどから、
そのゲームにおける自分が勝てる確率、期待値、リスク換算を
即座に算出し、**勝負所でのみ仕掛けてくる。**
ポーカーにおいて一番美しい勝ち方は、ショウダウン（自分の手札を
見せること）をするまでもなく、自分が勝負を仕掛けた瞬間に、
他の全員が白旗をあげて降参する勝ち方だ。ビジネスにおいても、
同じことが言える。**出会いの瞬間から、勝負は始まっている。**
相手の好み、要望、性格、クセ、状況などを正しく観察し、
信頼を得られる言動とともに、流れ・本質・勝負所を見抜いていく。
そうすれば、たとえば交渉の瞬間は、
そもそも自分が仕掛けたタイミングとなるので、焦る必要も無い。
こちらの要望に相手が問答無用で応えるよう、
完全なる勝負所で仕掛けることができる。
ポーカーをしっかりと学べば、勝負ごとの流れと本質、
そして勝つべくして勝てる勝負所が見えてくる。

ポーカーでもビジネスでも、**テーブルについたらまず周りを見渡せ。**
そしてカモが見当たらなければ、すぐ席を立て。
なぜかわかるか？
オマエがカモなんだよ。

やりたいことをすべて、諦めずに挑戦し続ける人間は、【不可能を可能にする大魔法】が使えるようになる。

これは本当に挑戦し続けている人間であれば、
誰もが知っていること。
「今のピースだけでは足りない」
挑戦し続けている人間がそう感じたタイミングで、
驚くような出会い、出来事がタイムリーに起こる。
他者はそのような成功を見て、
「タイミングと運がいい成功者だね」と妬み混じりに言う。

しかし、成功者は知っている。
本気で動き続ければ、
必要なピースが完璧なタイミングで現れることを。
だからこそ成功者は、見切り発車とも言えるようなタイミング、
スピードで、新しいプロジェクトをスタートさせていく。
自分には不可能を可能にする大魔法があるから、
今回も必ずできる、と。

スタートするときに考えても答えが出ない場合は、
「とりあえず動き出せばなんとかなる」と、信じて動く。
ただ、**これは10年以上、自分の様々な夢に対して本気で挑戦し、
その夢を追い続けた人間のみが使える大魔法だ。**

もし、オマエが何かに挑戦し、
この大魔法が起きなかったのであれば、
まだまだオマエの人生には挑戦が足りていないだけであり、
人生の魔法使いとしては未熟だということだ。

不可能を可能にする
大魔法

段取りが95%

なんとかなる、は思い込み。

QUESTION 問

結果がすべてというならば、
段取りを飛ばしたところで、
結果が出ればそれでいいですよね？

ANSWER 答

段取りこそがすべて。
段取りを疎かにすると、
運良く結果が数回出たとしても、
結果を積み重ねることが続かない。

要 **POINT**

本番では、
何が起こるかわからない。
すべてに対応できるよう、
段取りを完璧にしておけ。

GACKT'S OPINION 論

「本番は頑張る」「いざってときはなんとかなるだろう」
そんな言葉はクソだ。

段取りが95%、本番はその結果。
「本番は頑張る」というヤツは大概、
気合だけが空回りして周りが見えず、他人に迷惑を掛ける。
段取りが十分であれば、
緊張せずに本番に臨むことができ、良い結果を生む。
また、不慮の出来事に対処できる余裕さえも生み出す。

「いざってときはなんとかなる」などと期待をするな。

本番の直前に急いで準備しても遅い。焦りを生むだけ。
段取りは、日々積み重ねておくモノだ。

オマエも、いざ勝負しなければならないとき、
余裕を持ってその場に挑めるよう、
とにかく段取りをしっかりと組み、準備を積み重ねろ。

ボクのステージに、
予想できていない不慮の出来事など
一切存在しない。

目標を口にする

宣言することで変わる人間関係。

QUESTION 問

不言実行、有言実行、
どちらが良いのでしょうか？

ANSWER 答

実行することが最重要。
ただ、夢や目標を口に出すことで、
オマエの進むべき道はクリアになる。

要 POINT

夢や目標を口にすると、
邪魔をしようとする馬鹿を
炙り出すことができる。
そんなヤツは
オマエの物語から
今すぐ退場させろ。

GACKT'S OPINION論

オマエが自分の人生を変えようと挑戦していると、
妬み、嫉み（そね）を持った、様々なヤツが現れる。
仲が良かったヤツでさえ、急に邪魔し始めることもある。

そんなヤツらの声には、**1秒も耳を傾ける必要なし。**
足を引っ張ろうとするヤツが仲間だった？　親友だった？
だからなんだ？
ソイツらは、オマエにとってなんのメリットも無い。
「誰が足を引っ張ろうとしているのか？」
そんなふうに疑心暗鬼になる前に、
まずはオマエが**どういう人生を歩みたいのか、宣言をしろ。**
努力していることを周りにいちいち言わなくてもいいが、
どうしたいのか、どうなりたいのかは、明確に示せ。
そのうえで、馬鹿にしてくるヤツ、鼻で笑うヤツこそが、
今すぐ距離を取るべき人間だ。
そんなヤツらが、オマエの物語に必要か？

夢や目標を口に出すことに躊躇（ためら）うな。
そして、邪魔するヤツらは、とっとと消せ。

夢は言葉にした瞬間から
責任が生じ、
ものごとが動き始める。

1 から 100 を学ぶ

何を見るかではなく、どう見るか。

QUESTION

GACKTさんのように知識をつけ、
人間的に成長したいです。
まずは、どんなことを
学ぶべきでしょうか？

ANSWER

学ぶべきことは1つではないし、
これを学べばいい、という正解も無い。
どんなモノにも学びはある。
まずは、目の前のモノから学べ。

要 POINT

日常には
様々な学びがある。
学びを見つける視点こそが
成長に繋がる。

GACKT'S OPINION 論

　1つのことがらから学ぶことが多ければ多いほど、
それだけ成長に繋がる。単純な足し算だ。
たとえば、ボクはワインを飲むときでも、
ただ味わうだけではなく、
いつ、どこで造られたのか、品種はなんなのか、
造り手はどういった理念を持っているのか、など
様々な観点で愉しむ。**そこには知る愉しさ、【学び】がある。**
もちろん、ワインだけではない。
日々目にするどんなモノにも、
それぞれのディテールやバックボーン、理由がある。
それらに目を向け、考え、比較し、知識として吸収する。
もっとも大切なのは、**その学びのクセをつけること。**
そうすれば、日々が学びの宝庫であり、成長のきっかけとなる。

　ボクが出会ってきた成功者たちは、
本当に小さな事柄から、たくさんの学びを得ている。
一見意味が無いモノに見えても、
深い意味があるモノも数多くある。
視点を増やし、思考を繰り返し、新しい発想のできる頭になれ。

1人の女性から、
ボクは100以上のことを学ぶ。

ノート式成長法

自分に課題を与えろ。

QUESTION
つい、自分を甘やかしてしまいます。
何か良い対策はないでしょうか？

ANSWER
常に課題をリストアップしておけ。
遂行するたびにチェックすれば、
やれたことは自信になり、
それはいずれ確信となる。
チェックの入ってない項目は、必ずやれ。

要 POINT

リストを頭の中に用意すると、
自らの甘えによって
グダグダになりやすい。
必ずノートに書け。

GACKT'S OPINION 論

課題とは、学生の頃に先生から出されていた宿題とは違う。
やらなくてもいいモノではないし、ズルも無駄だ。
課題とは、**自分自身の成長、そして夢の達成のためにある。**
そして**課題をやるかやらないかは、オマエ次第だ。**
やらなかったときに、誰かに怒られるわけではない。
だからといって甘えれば、成長などできるわけがない。

オマエがオマエに対して、もっとも厳しい人間であれ。

その手助けになるのが、ノートだ。
課題をリストアップしろ。
具体的な目標、そして達成する期限を書き込め。
スマホに打ち込むよりも、**【書く】という行為のほうが、**
より客観的に課題を把握できるし、
なにがなんでも達成する、という決意を込めやすい。
書いただけで満足せず、毎日一度はノートを開き、
未達成の課題に対する具体的な行動を決め、動き出せ。
いつまでも攻める姿勢を忘れずにいれば、
数年後には必ず、理想の自分に会えるはずだ。

GACKTの【課題ノート】は
月刊少年チャンピオンほどの
厚みがある。

時間はある

時間は有限、使い方は無限。

社会に出て勉強をしようにも、
なかなか時間がありません。
どうやったら時間を作れますか？

時間はある。
移動時間や待ち時間など、
いくらでも有効活用できる。

空いた時間を活用しろ。
課題を決め、
期限を設定し、
徹底的に取り組め。

GACKT'S OPINION 論

ボクは、撮影の合間に語学の勉強をしたり、
本を読んだりと、新しい知識を得ることが多い。
撮影以外でも、仕事と仕事の合間、移動時間中など、
様々な【隙間時間】をボクは有効活用する。

活用方法は様々だが、先にテーマを決め、
そして、達成するべき課題と期限を決める。
【合間の時間】には必ず終わりがくるから、
「それまでに終わらせる」と決めれば集中力が増すし、
先延ばしにしないクセをつけられる。
そして限られた時間の中で、無我夢中で取り組む。
隙間時間はあっという間に終わるが、
その積み重ねで多くを学ぶことができる。
さて、オマエは本当にそんなに忙しいのか？
仕事を頑張ったから、良しとしているだけだろ？
時間があるたびにスマホを見ていないか？

自分を甘やかすな。
時間が無いなどと口にするな。**時間は作るモノなのだから。**

オマエが
ボーッと過ごす時間を使って、
ボクはとりあえず４カ国語を覚えた。

スピード ＆ クオリティ

速さと正確さを両立させろ。

QUESTION

スピードも大切かもしれませんが、
クオリティを下げることが不安です。
どうしたら両立できますか？

ANSWER

まずはスピード。
そのスピードに慣れた延長線上に、
クオリティがある。
どちらも諦めなければ両立できる。

要 POINT

スピードを追求することで、
より多くの答えの中から
最適解を導き出せる。

GACKT'S OPINION 論

楽曲を制作しているとき、時間やカネを掛ければいいモノが
できるわけではない、と実感する。

ボクの場合、レコーディングにはものすごくこだわるので、
もちろんある程度の時間が掛かるが、
それでも、1カ月でレコーディングできる曲に1年掛けたら、
その分クオリティが上がるか？ というと、
そうでもない。**考え過ぎて迷走することもある。**

同じことがビジネスの世界でも言える。
クオリティを犠牲にして
スピードを上げていると思われることがある。
手を抜いていればもちろんそうなるが、
むしろ、同じ時間でできることを増やしていくイメージだ。
より速く着手し、より多くの試行錯誤を繰り返せば、
たくさんの気づきと結果を得ることになる。

そしてスピードを意識しなければ、
そもそも、**実戦では役に立たない。**

どんなに急いでも
手を抜かないのがGACKTだ。

エキスパートに頼れ

適切に役割分担しろ。

QUESTION

これから様々なプロジェクトに
取り組んでいく予定ですが、できる限り
常に【最速】【完璧】を目指したいです。
何かコツはありますか?

ANSWER

最初は、常にオマエがベースを作れ。
それから信頼できる周りに任せ、
仕上げ段階では、
エキスパートの力を活用しろ。

要 POINT

プロジェクト全体の速度は
発起人（つかさど）が司る。
仲間やプロたちをまず、
速度で魅せろ。

GACKT'S OPINION 論

オマエが立ち上げて主導権を握るプロジェクトなら、
プロジェクトの進行速度は、オマエのペースとイコールにしろ。

プロジェクトの進行は、飛行機の発着陸に似ている。
ゴールまで最大速度で行くなら、立ち上げ期に全力を尽くせ。
0→10の時期＝滑走路でのスピードが、そのあとの基準になる。
10→50の徐々に高度を上げる段階は、周りの仲間たちに託せ。
オマエが最初につけた勢いに乗じて進むはずだ。
美しい着陸を決める50→100の段階で、
エキスパートを入れろ。
オマエの知見を超えたエキスパートの力を結集させることで、
仕上げに向かうプロジェクトの完成度と速度が、格段に上がる。

プロジェクトの進行全体のうち、
7〜8割までの部分で重要なのは、オマエの行動力だ。
それに加え、最後の詰めをエキスパートに任せることにより、
オマエ自身や、一緒に取り組む仲間たちの**学びに繋がる。**
そこで得た学びは、次のプロジェクトに取り組む際の
さらなるスピードと質の向上に繋がる。

GACKTが示す速度は、
誰よりも速い。

努力を見せるな

努力など、して当たり前。

QUESTION
自分の努力を誰も認めてくれません。
なぜでしょうか?

ANSWER
努力することは当たり前。
それ自体は評価すべきモノではない。
だが、やり続ければなんでもできる。
努力は常に継続しろ。

要 POINT

できるまで、
徹底的にやれ。
できないは、無い。

GACKT'S OPINION 論

努力など、して当たり前。
それを誇ってはならない。
ボクは人一倍不器用だ。
オマエもそうか？

ボクは何かを習得するのに他人の何倍も時間が掛かる。
しかし、時間が掛かっても構わない。
時間を掛けて習得したことは忘れにくいからだ。

初めから能力のあるヤツなどいない。
稀に最初からスペックの違う人間もいる。
だが、そんなヤツを羨ましがる時間があれば、
少しでも自分の努力する時間に充てろ。

できるようになるまで、他の時間を削ってでもやれば、
必ずできるようになる。
できる前にやめるから「自分はできない」と思い込む。
できるまでやれば、**「必ずできる」という確信が生まれる。**

できない、を決めているのは、
オマエ自身だ。

勝ち取るよりも大変なこと

意地でも維持をしろ。

QUESTION
問

頑張って結果を勝ち取っても
続かないことが多いです。
なぜでしょうか？

ANSWER
答

維持することは勝ち取ることよりも大変だ。
オンナも、仕事も、戦も同じ。
勝ち取ることを維持する力。
それを身につけるための努力をしろ。

要
POINT

勝ち取っただけで
満足すれば、
維持ができない。
維持ができなければ、
勝利の意味を失う。

GACKT'S OPINION 論

人は何かを手に入れたら、一度結果を出したら、
それが続くとすぐに思い込む、**馬鹿な生き物**。
一度寝たオンナをずっと自分のオンナだと錯覚し、
ケアをせず、いずれ誰かに奪われる。

仕事も同じ。昇進することが大切なんじゃない。
一度だけ売上が上がっても、会社は成長しない。
それをいかに維持するか。**それがもっとも大変なことだ。**

戦国時代の武将でも、
1つの戦を勝てば、それがゴールだったのか？
違うだろ？
国を治め、維持しなければならなかったはずだ。
一発目の結果はたしかに大切だ。
しかし、それは終わりじゃない。
そこから始まるんだ。
常に継続しろ。そのために、努力を怠るな。
他人に褒められたからといって、満足するな。
やり抜いて、**オマエが自分を認めてやれ。**

GACKTを維持するのには、一生分の努力が必要だ。ラクじゃない。

夢を
叶えること。

それは、
強い意志を
貫くこと。

income

なぜGACKTは
そんなに稼げるのか？
それはシンプルなマインドと
行動に尽きる。

大馬鹿が成功する理由

「【大馬鹿】と【馬鹿】、そして【普通】と【天才】。
この中で、誰が一番結果を出すのが早い？」

昔、ある人がボクに投げ掛けた言葉だ。ボクは【天才】と答えたが、
そのときに求められていた答えは【大馬鹿】だった。
「やれ、と言われた瞬間に考えることなく行動し、
結果を出すまで必死だから」というのがその理由だ。
その次に結果を出すのが、行動よりも先に考えるものの、
「動かなければ結果は出ない」と理解している【天才】。
そして、【普通】の多くの者は結果を出すところまで辿り着けず、
【馬鹿】は行動すらしない。これは頭の良し悪しではなく、
結果を出すまでの行動が伴うかどうか、ということ。

「もしこんなことが起こってしまったときは、どうしよう」
「やっても上手くいかなかったら、無駄骨になる」
**【今すぐやらなくていい免罪符】を探すことがクセとなれば、
いつまで経っても、行動に移ることはできなくなる。**
逆に即行動できる【大馬鹿】な人間は、
「とりあえずやってみよう」
「やってみなきゃわからない」
シンプルに捉えるからこそ、行動に移ることができる。
そしてそんな【大馬鹿】が、創業者として成功しているのも事実だ。
彼らには、やってみなければわからないというリスクを
負っていても挑戦する勇敢さが、誰よりもある。
そして世の中には【大馬鹿】しか知らないことがある。
【夢には賞味期限がある】ということ。
今の自分と１年後の自分が、同じ情熱を持っているかはわからない。
情熱は、行動しなければ時間の経過とともに消滅していく。
「これだ！」というタイミングが一番の旬であることを、
ボクら【大馬鹿たち】は知っている。

ビジネスは、音楽を奏でることに似ている。
そして、成功者の仕事にはリズムがある。

ボクは仕事のリズムが合わない人とは仕事をしない。
たとえば、会食の場で「ともにこのビジネスをしよう」と盛り上がっても、
「念のため一度持ち帰って社内で検討します」と相手に言われれば、
進行が止まってしまう。なかなか返事の無いメールも同じだ。
待ち時間はボクのリズムを狂わせ、結果、他のビジネスパートナーと
違うハーモニーを奏で始めることもある。

そして、仕事やプロジェクトの成功までの過程にもリズムがある。
そのリズムを表現するなら「**ツッタカターン**」だ。
「ツッ」は、思い立ってからの、最初の行動。
「タカ」は、行動により顕在化した問題をクリアし、
計画そのものをブラッシュアップするフェーズだ。
ここで重要なのは、「ツッタカ」のリズムをスローダウンさせないこと。
1つ目の問題をクリアしてもまだ問題があるのなら、
すべてが解決するまで、クリアし続けろ。
リズムを止めるとすべてが停滞する。
「ツッタカタカタカ」と、「タカ」の部分をリピートしろ。

そして、最後の「ターン」で仕事の成果や結果を世にリリースする。
無論、この「ターン」が力強ければ強いほど、リリースのインパクトも
強くなる。たとえ「タカ」の部分が長かったとしても、
常にリズミカルに「ツッ・タカ・タカ」のリズムを刻めていれば、
自然と自信に満ちた、力強い、「ターン！」という音が響くんだ。

人生は、音楽だ。
様々な音色のジャム・セッションであり、ハーモニーが重要だ。
オマエの人生のリズムを探求し、実践しろ。

成功者のリズム

理想の金額を稼ぐ秘訣

漠然とした額ではなく、具体的な額に変換しろ。

QUESTION

お金を稼ぎたいです。
できればたくさん稼いで
お金持ちになりたいのですが、
どうしたらいいでしょうか？

ANSWER

オマエが【カネを使ってやりたいこと】を
リスト化し、そこに必要な金額を出し、
逆算して、稼ぐ計画を考えろ。

要 POINT

漠然とした目標は
達成しがたい。
総額を決めることで、
具体的な行動が
見えてくる。

GACKT'S 論 OPINION

「お金は稼ぎたい。あればあるほどいい」
「月に100万くらいあれば、いい暮らしができるのに…」
よく聞くセリフだが、その言葉が出るのは、
オマエがまだそれを達成できていないからだろ？
達成できていない理由はなんだ？【漠然】だ。

稼ぎたい金額から考えるんじゃない、欲しいモノから逆算しろ。
そのために、ボクは【欲しいモノリスト】を作ることを勧める。
欲しいモノ、行きたい場所、やってみたいコト…全部書け。
ただの【お買いものリスト】だ。

長く果てしない【リスト作り】の道のりの中で、それぞれの欲を
叶えるために必要な金額が見えてくる。
身をもってそれを体験しながら、総額を計算しろ。
それが、真にオマエが【稼ぎ出すべき額】だ。
そこから逆算して、【今年稼ぐべき額】【今月稼ぐべき額】を
計算し、具体的な数値に落とし込めばいい。

より明確なビジョンを伴う目標があれば、人はより頑張れる。

欲まみれの【欲しいモノリスト】が、オマエの人生を導いてくれる。

稼げる考え方

答えは日々の生活にある。

QUESTION

どんな仕事を選べば、
効率良く稼ぐことが
できるのでしょうか？

ANSWER

仕事を選んでいるうちは二流。
抜本的に考え方を変えろ。
まずは今、目の前にあることで
【どう稼ぐか】を考えるクセをつけろ。

要POINT

稼ぐことに対して、
受け身になるな。
チャンスは常に
掴みにいった先にある。

GACKT'S OPINION 論

カネを稼ぐことを、**ゲームとして考えろ。**

目の前のカネが少ない、といったような状況を嘆くのではなく、
まずは日々の生活に**「これで稼ぐにはどうしたらいい？」**
という視点を入れる。

目の前にあるモノや人と、
自分がどう関わるか、どう向き合うかによって、
マネタイズできる可能性は、何通りもある。

起きている時間のすべてを費やして、
【稼ぐ】ということを考え続けていれば、
いつしかそれは習慣となる。
習慣になれば、
【稼ぐ】ということをいちいち考えなくても、
日常の中にある【稼げるポイント】【稼げるチャンス】を
無意識下で探すことができるようになる。

「なにで稼ぐか」と考える前に、まず**目の前のことで稼いでみろ。**

職場だろうが、
プライベートだろうが、
毎日は宝探し。

自宅で稼ぎたいなら

本当のノマド的働き方とは？

QUESTION

できれば外に出ず、自宅の中だけで
稼げるようになりたいです。
どのような仕事がいいのでしょうか？

ANSWER

自宅でしか働かないということは、
自宅という限界があるということ。
どこでも働ける思考にシフトすれば、
自宅以外でもチャンスを掴める。

要 POINT

ビジネスモデルを選び、
それを構築すれば、
スマホだけでも
稼ぐことは可能だ。

GACKT'S 論

【自宅で働く】という働き方の本質は、
【どこにいても働ける】ということ。
働く場所を自宅に限るならば、それは事務所勤務と変わらない。
作業の発生する種類の仕事であれば、設備も必要になる。
オマエはずっとそこにいるのか？

場所にかかわらず、何にも囚われず、
どこにいても稼げるようになれ。

そのためには、【決めること】を自分の仕事にすること。
稼げる仕組みを創り、あとはその中での判断、
選択と決定を仕事にすれば、どんな場所でも
スマホ１つで稼ぐことができる。

「自宅じゃないと仕事ができない」
それもまた、特定の場所に縛られているだけ。
自宅で働きたいのなら、その先にある、場所に囚われない、
自分にしかできないような仕事を構築しろ。

ボクは国にも縛られたくない。
世界のどこにいようが、
スマホ１つでマネタイズする。

仕事とプライベートの差

生きることをマネタイズしろ。

QUESTION

GACKTさんには、
仕事とプライベートの
境目は無いのですか？

ANSWER

仕事とプライベートを
わざわざ分ける意味が無い。
充実した人生が、仕事になればいい。

要 POINT

プライベートでの充実や
学びは仕事に活かされ、
仕事での結果と自信は
プライベートを潤わせる。

GACKT'S OPINION 論

> **仕事とプライベートを分ける必要など、無い。**
>
> ボクの場合、
> プライベートなトレーニングがビジネスとなり、
> ミュージシャンとしての資本である、カラダ創りにも繋がる。
>
> 鍛えていることで、
> プライベートでどれだけ無茶をしても、健康でいられる。
> 女性に感嘆の声をあげさせることもできる。
> プライベートと仕事は常に有機的に繋がっていて、
> 相関性がある。
>
> 自分という資本を使い、カネを稼ぐという意味でも、
> **仕事は人生の一部だ。**
>
> 逆に人生も仕事だと考えれば、
> **すべてが学びとなり、仕事に繋がる。**
>
> GACKTでいる、ということも人生であり、仕事なのだ。

ボクは24時間年中無休で、GACKTであり続ける。

売れるビジネスを創るコツ

売れるには、誰に認められるべきか考えろ。

QUESTION

起業して、売れるビジネスを創りたいと
考えています。起業の心構えについて、
何かアドバイスをください。

ANSWER

オマエが認められたいと願うビジネス。
そのユーザーの要望に耳を傾け、
心を掴む努力をしろ。
売れてからも、決してキープを狙うな。
上昇を目指し努力し続けろ。

要 POINT

キープしようとすると、
ものごとは必ず下降する。
キープを狙うな。
上を狙い続けろ。

GACKT'S 論

【売れる】というのは、【客の心を掴む】ということ。
違う世界の話のようで、どれも本質的には同じ。

これはお笑い芸人の例だ。
彼らの【売れる】【売れない】は、運次第だと言う人がいる。
ボクから言わせれば、違う。
【売れる】ヤツは、売れるべくして売れている。
売れないヤツは、単に努力不足か、勉強不足に過ぎない。
成功するまで諦めずに最後までやり続ければ、必ず売れる。
そうして【正しい努力】を続けるオマエを見て、
引き上げてくれる人も必ずいる。ここでいう【正しい努力】とは
きちんと【客層】【ユーザー】を見て、彼らに認められるよう、
サービスを届けようと努め続ける心と行動だ。
ただし、売れてからも、気を抜くべきではない。
ボクが30代前半の頃仲良くしていた上場企業の経営者たちでも、
今となっては半分も残っていないのが、この世界だ。
一度売れたとて、それをキープすることを狙うな。
この世には、上がるか下がるかしか存在しない。
常に努力を継続しなければ【売れる企業】にはなれない。

ボクは虎視眈々と、
世界のユーザーを見つめている。

商売はモノを売るにあらず

モノよりも大切なことがある。

QUESTION
最新の商品を安く作っているのに、
なかなか売り上げが伸びません。
なぜでしょうか？

ANSWER
モノだけを売ろうとするな。
人はモノだけに惹かれて
買いものをするわけではない。

要 POINT

人は【感動】や
【満足度】にこそ
カネを出す。

GACKT'S 論

ビジネスを進めていくうえで、見逃しがちで、かつ大切なのは、
【何を売っているのか】という視点。

ボクのライブは、
【一定の時間に行う演奏】を売っているわけではない。
会場に来てから帰るまでに、ボクのファンは、何を得るのか。
何を得たいと期待しているのか。それは、
【予想を超えた感動】【驚き】【いい意味での裏切り】【満足度】だ。
だから「ボクのファンをどう感動させ、満足させればいいか?」
そう考えることが、ライブを成功させる鍵となる。

メガネ屋は、メガネそのものを売るという商売ではない。
視界をクリアにして生活を快適にしたいがために、
人はメガネを買うのだ。
モノを売ることに注視し過ぎると、どれだけ安く製造するか、
どれだけ最新機能をつけるか、という発想になってしまう。
必要なのは【人はなぜその商品が欲しいのか?】に
フォーカスすること。

顧客の予想を裏切り、
期待には大いに応え、
想像を超える感動をもたらせ。

リーダーの資質

優れた仲間を得るための条件。

QUESTION

優れたスタッフを育てるには
どうしたらいいですか？

ANSWER

より多くの時間を周りの人間と共有し、
オマエの価値観、大切にしたいコトを
徹底的に話せ。
そして、最高の背中を魅せろ。

要 POINT

スタッフは、リーダーの鏡。
オマエが適当ならば、
スタッフも適当になる。

GACKT'S OPINION 論

ライブも、仕事も、独りではできない。
自分が主軸になっているからこそ、
周りの仲間の質が上がらない限り、それ以上にはならない。

だからボクはプロジェクトの最中、
とにかく**仲間と時間を共有し**、いろんなことを教える。

どんな気持ちでいなければならないか、
どんな自分でいなければならないか、
どんなふうに自分を成長させないといけないか、などを話す。

リーダーが適当にしていれば、
その背中を追うようにして、**周りも適当になっていく。**

オマエがリーダーとなり、コトを動かしていくならば、
常に周りの人間と時間を共有し、
オマエが大切にしたいコトを、何度も何度も語れ。

そして、**常に最前線に立ち、行動し、最高の背中を魅せろ。**

GACKTの現場は日本一厳しいが、
どこに行っても活躍できる、
最高のスタッフが育っている。

GACKT'S BRAIN

他人の企画に乗る基準

自分の時間と企画の魅力を、天秤に掛けろ。

QUESTION

他の人が発起人となっている
プロジェクトに、
乗るかどうか迷っています。

ANSWER

発起人のペースに合わせる必要が
あっても、参画するに好ましい条件か？
一緒に仕事をしたい相手か？
よく見極めて、心の声に従え。

要 POINT

プロジェクトは基本、
発起人のペースで動く。
参画者の１人である
オマエのペースでは
動かない。

GACKT'S OPINION 論

ボクは普段、何をするにも、ボクのペースを大切にしている。
理由は単純。【ボクが動くのが一番早いから】だ。
会社の中を見ても、動くのが一番早く、行動力があるのはボクだ。
だからこそ、普段は周りのみんなを巻き込んで
ボクのペースに乗せ、ボクにとって心地良いスピードで
プロジェクトの何もかもが進むようにしている。

だが、そんなボクでも、他人のプロジェクトに乗ることはある。
それは、【その人のペースで進むこと】をボクが受け入れてでも
「このプロジェクトに乗りたい！」と思わせる条件が揃っていたり、
発起人である人物がボクに「一緒に仕事をしてみたい」という
興味を抱かせるほど、魅力的であったりした場合だ。

【時間】は貴重だ。失っても稼げば戻る【カネ】と違い、
【失われた時間】は二度と還って来ない。
オマエにとって、そんな最重要な資産である時間を使ってでも
「乗りたい」と感じるほどに価値を持つプロジェクトかどうか。
オマエのペースでなかったとしても、やる価値があるかどうか。
よくよくオマエの心に問い掛けて、納得のうえで決めるといい。

人のペースで動く船から、
新しい景色が見えることもある。

GACKT'S BRAIN

リスクに惑わされるな

恐れずに踏み出せ。

QUESTION 新しいことにチャレンジしたいけど、失敗が怖くてなかなか踏み出せません。どうしたらいいですか？

ANSWER 期待値を計算したうえでプラスであれば、思い切ってリスクを背負え。そうすれば視界が変わる。選択肢が変わる。世界が変わる。

要POINT

リスクに惑わされるな。オマエの未来を信じて、その1歩を踏み出せ。

GACKT'S OPINION 論

恥をかくこと、傷つくこと、損すること、失うこと、
そういったことを恐れて、1歩を踏み出せない。
そんなときは思い切ってそのリスクを背負って、
前に1歩、踏み出せばいい。

リスクを恐れ、避け続けていては、いつになっても
目的地には辿り着けない
リスクはオマエの障壁であり続ける。
リスクを目の前に置かず、背負ってしまえ。
そうすれば**リスクを避けず、歩みを前に進めることができる。**

不幸を睨みつけず、恨みに向き合わず、
畏れに立ちすくまず、自分を信じて踏み出していけ。

道を誤り踏み外したとしてもいい。
そこにも、また道はある。

オマエは、もっと遠くまで行ける。
自分を、自分の未来を信じて突き進め。

期待値がプラスのモノには
大きく賭けろ。

GACKT の
マネーマシン

経済的に大きな成功を収めたければ、
世の中の富裕層がどうカネを稼いでいるかを理解しろ。

オマエは、どうやって収入を得ている？ ほとんどの者たちは、
従業員もしくは自営業（フリーランス）と呼ばれる働き方をしている。
ミュージシャン、俳優、タレント、ポーカープレイヤーといった肩書の
ボクも同じ働き方であり、それらすべての収入は【労働収入】となる。
労働収入だけで、瞬間的に年間数千万円を稼ぐことは、
それほど難しくはない。
しかし、10年以上、経済的に億単位の金額を
労働収入だけで稼ぎ続けることは、不可能に近い。

なぜなら、どのジャンルにおいても次世代の波は常に押し寄せ、
同じ業界で、自分に代わる有能な人間が現れ続けるからだ。
たった一代で、富裕層、俗に言う本当の金持ちに成り上がることが
できるのは、労働者や専門家ではなく、投資家か経営者のどちらかだ。
投資家はカネ（資産）を運用することで利益を生み出す。
経営者はカネと人材（スタッフ）による運営で利益を生み出す。
つまり、富裕層の人たちは労働ではなく、
自らが築いたマネーマシンを正しい情報収集に基づき、
的確な選択と判断で動かし続け、長期にわたり利益を得ている。
もしオマエがそんな金持ちになりたいというのであれば、
まずは、**労働から解放されなくてはならない。**

投資家か経営者として生きるには、運用もしくは運営による、
オマエ自身のマネーマシンの構築が不可欠だ。
もちろんボクも、GACKTとしてマネーマシンを構築しているから、
今の生活を維持できている。

ビジネスチャンスの多くは、
人との出会いから生まれることが多い。

つまり、より多くのチャンスを生み出したければ、
より多くの人たちと会うべきだ。
そして、ビジネスにおけるチャンスを手にしたければ、
今、成功している人たちに会え。
では、どうすれば成功者たちに出会えるのか？

まず、食事、飲みの場、ショッピングはすべて高級店に行け。
そして、プライベートも出張も、飛行機の移動の際は、
ファーストクラスかビジネスクラスに乗れ。
宿泊はラグジュアリーホテルに泊まれ。身だしなみにも気を遣え。
安い店、エコノミークラス、安宿を利用する人間の周りには、
同じようなカネの使い方をする人たちしかいない。
一方で、高級店、ファーストクラス、高級ホテルを利用する人間の
周りには、同じようにそれらのコストを支払える成功者がいる。
身だしなみに気をつけるのは、見栄を張るためではなく、
マナー知らずと認識され、敬遠されることによる、
出会いの機会損失を無くすためだ。
カネは掛かるが、すべて成功するためのコストであり、自己投資だ。

そして、ホテルでも、飛行機内でも、
気になる人がいれば積極的に話し掛けろ。
路上で見知らぬ人に話し掛けられるのとは状況が違う。
【その場所にいることができる】という共通点を持っている、
それだけで、オマエは相手の警戒心を解くことができる。

同じ土俵に立てさえすれば、
そこにはもう、チャンスしかない。

ビジネスチャンスの
生み出し方

視野を拡げろ

結論にしがみつくな。

QUESTION チャンスが目の前に来たら、
脇目もふらずに飛び込むべきですか？

ANSWER 【即行動】は大切だが、
それが本当にチャンスなのか、
自分の視野が狭くなっていないか、
冷静に判断しろ。

要POINT

人は意識するモノによって
簡単にバイアスが掛かり、
見たいモノだけを
見てしまう生き物だ。

GACKT'S OPINION 論

人は無意識のうちに、**見たいモノだけを見てしまう**生き物だ。
たとえば、ある一色を思い浮かべて街中を歩くと、
その色ばかりが目に入る。カラーバス効果と呼ばれる現象だ。
この現象は、色にとどまらず、あらゆる事象に対して起きる。
これを自覚しなければ、思わぬ落とし穴に落ちてしまう。

結論ありきの議論では、
それを補足する**都合のいい材料しか見えなくなる。**
嫌いなヤツの、
嫌いなところがやたらと気になるのも同じこと。
それほどまでに人間の目は節穴。
これに気づかないヤツが、ビジネスの場で騙され、失敗する。
そんなヤツらを、ボクはたくさん見てきた。

見たいモノではなく、
見るべきモノを見ろ。
オマエの気持ちが盛り上がったときこそ、
冷静に、ドライに、ものごとを見極めろ。

自分の視野に、客観性と自分の思考を織り交ぜたフィルターをかけろ。

真似することを躊躇^{ためら}うな

オリジナリティは、あとからついてくる。

QUESTION

いいビジネスモデルを見つけましたが、
同じことをしたくはありません。
どうしたら、オリジナリティを
生み出せますか？

ANSWER

「真似したくない」、という
小さなプライドをまず捨てろ。
そんなモノは、なんの役にも立たない。

要 POINT

いくら真似しようが、
確固たる自分が
ありさえすれば、
オマエだけの
【オリジナル】ができていく。

GACKT'S OPINION 論

新たな分野のビジネスに参入するとき、
オマエが最初に取るべき行動は、
同じ、もしくは近しいジャンルにおける成功者が構築した
ビジネスモデルを【真似る】ことだ。

１つのモデルが成功するまでには
あらゆるトライ＆エラーの積み重ねがある。
もし、そのモデルを構築した経営者の話を聴ける
チャンスがあれば、どのような経緯と意図をもって
今のモデルになっているかを聴け。

オリジナリティなどというモノは、
上手くいったモデルを真似たうえで経営を始め、
軌道修正、付加価値の創出を繰り返し、
洗練されていった結果、生まれてくるモノだ。

成功し続ける人間は、他のモデルを真似することを厭(いとわ)ない。

ボクの稼ぎ方を、
いくらでも真似すればいい。

楽しいだけの仕事は無い

やりたくないことも愉しめ。

QUESTION

仕事が楽しくありません。
好きなことを仕事にすれば、
楽しく生きていけますか？

ANSWER

どんなに好きなことであっても、
仕事となればやりたくないこと、
楽しくないことが出てくる。
苦の中の【愉しみ】を探す工夫をしろ。

要 POINT

苦の中に必ずある、
【好きになれるディテール】
を探し出せば、
どんなことでも愉しくなる。

GACKT'S 論 OPINION

今の世の中、
「好きなことを仕事にしよう」「やりたいことを仕事にしよう」
といった言葉が溢れている。
それ自体は結構なことだ。
だが勘違いしてはいけないのは、【どれだけ楽しいことも、
仕事にしたら苦しさが必ず伴う】ということ。
楽しいだけの仕事など無い。

責任、期日、付き合い、残業、コストパフォーマンス、
議論、リスクヘッジなど、例をあげればキリがない。
どんなことでも仕事になれば、やりたくなくても、
【やらなければならないこと】は必ずついてくる。
だったら、【やらなければならないこと】を好きになるしかない。
いや、好きになることは難しくても、
面白さ、愉しさを見つけることはできるはず。
営業はキツいが、人と繋がるのは好き、
締め切りはシンドいが、締め切り直後の開放感が堪らない、
など、好きなポイントや愉しみを見つける工夫をすることで、
嫌な仕事の中にも、愉しさや面白さを創り出すことができる。

本当の愉しみは、
嫌なことの中にも必ずある。

オマエの時給はいくらだ？

24時間をどう使うべきか。

QUESTION アルバイト先で、
なかなか時給が上がりません。
何をしたら上がるのでしょうか？

ANSWER 時間を売るような仕事をするな。

要 POINT

人間は誰しも、
1日に24時間しか
与えられていない。それを
切り売りしたところで、
大した稼ぎにはならない。

GACKT'S OPINION 論

大きく稼ぎたいのであれば、
時間を切り売りするような仕事はコストが合わない。

【時間】はカネよりも、ずっと貴重で、大切にすべきモノだ。
時給で得られる対価よりも、
時間を失うことでチャンスを逃すといった、
損失のほうが大きいことを認識したほうがいい。

そもそも、すべての人間には、
1日に24時間という時間しか与えられていない。
その【限られた時間】をどれだけ売ったところで、
永遠に大した稼ぎにはならない。
さらに、時給というのは自分ではなく、
マーケットが決めるモノ。相場で決まるモノ。
また、時給制の仕事は、代わりの人材がいる仕事でもある。
業界の相場が変わらない限りは、その人の水準も変わり得ない。

それなら、
自分の相場を変えるほうが、はるかに効率的だろう。

ボクの1時間を買うならば、
いくら掛かるか想像してみろ。

散財の対価

カネを使うことで、得られるモノがある。

QUESTION

こんなに不安定な時代だと、
お金は稼いだら稼いだだけ、
貯蓄に回したほうがいいでしょうか？

ANSWER

カネは手にしたいモノ、
経験したいことに使え。
旅、自己投資、贅沢、なんでもいい。
時間や経験は、カネよりも価値がある。

要 POINT

カネを稼いだ時間と、
使ったという、その経験は
オマエ自身の価値となる。

GACKT'S OPINION 論

たとえば、オマエが「**フェラーリを買いたい**」という夢を描き、
苦労してその夢を叶え、フェラーリを手にしたとする。
しかし、フェラーリも車だ。事故を起こせば廃車になる。

「**モノは買ってもいつか無くなるから、貯金したほうがいいよ**」
そんなアドバイスをするヤツもいる。では、苦労して購入した
フェラーリが無くなれば、それはもう無価値なのか？
もちろん、違う。**フェラーリの有無は、本質ではない。**
資産価値？ 残存簿価？
くだらない。そんなことはどうでもいい。

重要なのは、夢の車を手にするまでの、オマエの努力と経験だ。
そして、手にしたときのオマエ自身にこそ、価値があるんだ。
一度フェラーリを買えたなら、2台目も買えるはずだろ？
稼いだカネを何に使おうが、オマエの自由だ。
【贅沢】【旅】【自己投資】、なんでもいい。
心から手にしたい、経験したいモノに使えばいい。
カネを使う価値というのは、買ったモノにあるのではない。
そのために稼ぎ、カネを使ったオマエ自身にあるのだから。

溜め込んだままのカネは、ただの紙切れの束だ。

カネの使い方は SEX と同じ

がっつくよりも、スマートに。

QUESTION

少しばかりのお金を手にし、
調子に乗って遊んでいたら、
「品が無い」と言われました。品って
どうしたら持てるのでしょうか？

ANSWER

カネの使い方も SEX も、
スマートであったほうがいい。

要 POINT

物欲にも性欲にも
正解など無いが、
がっついたうえでの
失敗談は、
デビュー戦で十分。

GACKT'S OPINION 論

SEXをするとき、がっつくのも欲望に忠実でいいのだが、
きちんと女性をエスコートするほうが、関係は長続きする。
がっついたうえでの失敗は、デビュー戦だけで十分。次からは、
自分と相手の性癖を確認し合い、優しく紳士的に誘えばいい。

カネの使い方も同じだ。お客様は神様、と勘違いしたヤツが、
「金を払えばいいんだろ！」と、店で横柄な態度を取るのは、
品が無い。**オマエは神ではないし、信仰の自由は相手にある。**

そしてカネがあっても、店が無ければオマエは何も買えない。
まずは、オマエが欲しがるモノやサービスを
店側が提供してくれることに感謝しろ。

相手はプロだ。
こちらが丁寧な言葉を使い、敬意をもって接していれば、
関係性が生まれ、融通が利くようになり、
他の人では受けられない、
【オマエに合った、オマエだけの特別なサービス】が
受けられるようになる。

プロには、プロのやり方がある。
カネを使うプロになれ。

客としてのカネの使い方

上客になることのメリット。

QUESTION

好きなブランドがあり、
毎月のように通っているのですが、
なかなか常連として扱われません。
やはり時間が掛かるのでしょうか？

ANSWER

回数を絞り、店を絞り、
買うときはまとめて買え。
店側の対応は、確実に変わる。

要 POINT

毎月店に通う常連のうちの
1人より、年に一度きりでも
インパクトがある
来店のほうが、
店側の記憶には残る。

GACKT'S OPINION 論

ショッピングにはコツがある。

たとえば、オマエがブランド品を買いたいのなら、
毎月欲しいモノを少しずつ買うのではなく、
年に１回。その１回だけで、
１つの店で、まとめて通年分を買え。
１年掛けて培った物欲を発散するように、
値段を気にせず、欲しいモノを欲しいだけ買ってみろ。

オマエは、**上客のリストに名前が載り、**
VIP限定の商談にも参加できるようになる。

次回またその店に行った際には、
別室でシャンパンを飲みながら、
専属の店員が最高のサービスでもてなしてくれる。

モノを買うなら、
購入する過程も愉しめ。

最高のサービスを受けたければ、
相手にそうさせたい、と思わせろ。

カネに踊らされるな

臨時収入は諸刃の剣。

QUESTION

一発当てて、手にしたことがないような
大きな収入が入りました。
遊びまくるべきですか？

ANSWER

身の丈に合わない金額を手にすると、
人は狂ってしまう。
手にしたカネに見合う人間になれ。

要 **POINT**

一時的なカネで
金銭感覚がズレると、
そのカネが
無くなったあと、
元には戻れない。

GACKT'S OPINION 論

ボクは若い頃に、金銭感覚が狂う恐ろしさを体験した。

いきなりポンと手持ちのカネが増えると、
28,000円のシャツが280円に見えるような、
そんな感覚になってしまう。
仲間と遊んでいても、なんでも自分で払うクセがつく。
そういったことを続ければ、仲間が変わる。
今までの友が離れ、
残っているのはカネが目当ての連中ばかりになる。

そしてカネを失ったときには、
仲間を失い、狂った金銭感覚だけが残る。
人は、身の丈に合わないカネによって、いとも簡単に狂う。

オマエも、**臨時収入があったとしても、狂ってはいけない。**
それを維持するための次の一手に向けて、常に頭を働かせろ。

そして、その程度の金額など、
余裕で稼げる状態になったとき、大いに遊べばいい。

GACKTはカネで地獄を見ている。
それも、何度もだ。

大いに稼いで大いに使え

経済を回せ。

QUESTION

GACKTさんはなぜ、豪邸に住み、
高級車を乗り回すような、
ゴージャスな暮らしを
しているのですか？

ANSWER

カネは使わなければいけない。
それは稼ぐ者の義務だ。
溜め込んだままのカネに、価値は無い。

要 POINT

若い層は、
もっと本気で稼げ。
そして、本気で使え。
年長者は、
若い層の憧れになれ。

GACKT'S OPINION 論

「不景気だ、不景気だ」と嘆くが、オマエはカネを使っているか？
カネを使わなければ、景気は良くならない。
カネを使うからこそ、入ってくるカネもある。

特に若い層は、どれだけカネを使っても、
多少リスクを取ったとしても、
これから、いくらでも働いて取り戻せる。

だが、リスクを取らなければならない**若い層が、**
不満ながらも最低限の賃金で生活しているのも、
確かな事実だ。

だからこそ、ボクをはじめ、
実業家の人間たちは、大いにカネを使うべきだ。
【稼げば、こんな人生を送ることができる】
そんな**希望を魅せる**ことで、**若い連中に刺激を与えられる。**

若い層の憧れになるような、
そんな人生を歩め。

GACKTの年間コストは２億。
稼がなければ、維持もできない。

手にした喜びを
決して忘れるな。

その喜びを
忘れた途端、
あっという間に
転げ落ちるぞ。

GACKT's BRAIN

communication

人は、言葉で思考する。
話し方と聴き方を
極めた人間が、
最後に場を支配する。

アウトプットを
垂れ流すな

新たな出会いの場で、
自分の話ばかりする人間は成功しない。

成功者のほとんどは聞き上手だ。
相手が知り得た有益な情報を巧みに引き出し、
ビジネスチャンスに繋げる。

考えてもみろ。
他人の話を聴くことは、オマエにとってのインプット。
自分の話をすることは、アウトプットだ。
人は【自分の話を聴いてくれる相手】に好感を持つ。
インプットに徹したほうがメリットがあるのは明白だ。
自らの承認欲求を満たすためにアウトプットを垂れ流していては
腹を下した下痢気味の野良犬と同じ。

アウトプットを有効にするには、
しかるべき相手と、ベストなタイミングが必要だ。

「せっかく紹介してもらったのだから、自分をアピールしなければ」と、
焦ってアウトプットしても上手くいかない。
自分を売り込む必要がある相手がいるときには、
まず相手の話をしっかり聴き、信頼を得られるように立ち振る舞え。
初対面は聞き役に徹し、
関係性作りに、すべての時間を使っても構わない。
関係性さえできていれば、必ず次がある。

ベストなタイミングで、
オマエのキラーカードをアウトプットしろ。

**ボクは何かをお願いされたとき、
頭ごなしに【NO】とは言わない。
まずは【YES】と言ったうえで、条件を出す。**

そしてさらに、「コレをすれば」
「一緒にアレをすれば」と、
どういう条件のもとであれば【YES】となるのか、
ということを明確にする。

【NO】というのは、可能性がゼロであるときにだけ
使えばいい言葉だ。
すべてのオファーには、必ずチャンスがある。
思考を止めて【NO】と言ってしまうくらいなら、
頭をフル回転させて、【YES】の可能性を探せ。
「いいよ。こういう条件でどうだ？」
その一言で、交渉の場は、
オファーを実現するための有意義なモノになる。
さらには、「なぜNOなのか」を説明しようとすると、
【YES】が欲しい相手ほど、長い時間が掛かってしまう。
時間は有限だ。非建設的なことに費やしているヒマは無い。
そして、ポジティブな交渉のほうが、
相手とのコミュニケーションも上手くいく。

まずは、トライしろ。
そのうち、この【会話における独特の感覚】を掴めるようになる。
やがて、**人生のチャンスの回数**が大きく変わることに気がつくはず。

NO と言わない交渉術

自分の意見は演出できる

会議の間を好機と捉えろ。

QUESTION

会議の中で一生懸命プレゼンしても、
自分の意見が流れてしまうことが
多いです。どうすればいいですか？

ANSWER

隙間を見つけ、重さのある言葉を、
ゆっくりと簡潔に述べろ。
そうすれば、
会話の主導権を握ることができる。

要 POINT

自分の意見ばかりを
主張するような
オマエの話など、
誰も聞きたくはない。

GACKT'S OPINION 論

会議や交渉の中で、自分の存在を印象づける方法がある。

会話の中で生じた隙間や、急に静かになる瞬間に、
ゆっくりと、簡潔に自身の考えを述べる。
多くを語る必要は無い。
むやみやたらな主張はうるさいだけだ。

大切なのは、話す内容ももちろんだが、
言葉を出す速度と、タイミングだ。
ゆっくりとしたテンポは説得力を増す。
口を開くタイミングを計れば、
誰もがオマエの話に耳を傾ける。

話し方1つで、
会話の中でのオマエの位置を、明確に示すことができる。

もちろん、意見は重要かつ有益なモノでなければならないが、
話し方を変えるだけで、
オマエの言葉に重みがプラスされるんだ。

GACKTがゆっくり喋るのには、
理由がある。

相手に届く交渉術

交渉ごとは、押しつけ厳禁。

QUESTION

交渉相手に、
いくらプロジェクトの素晴らしさを
伝えても、まったくわかってくれません。
どうしてでしょうか？

ANSWER

相手は、相手なりの視点で見ている。
相手からどう見えるか？
そこを意識し、相手に届く交渉をしろ。

要 POINT

オマエがいいと思うモノを
闇雲に勧めても、
相手にとって
意味は無い。

GACKT'S OPINION 論

交渉相手と話を進める際に重要なのが
【相手が何をどう見ているか】ということだ。

【相手が、ものごとのどこを見ているか】
人を見ているのか？ 利益か？ ブランドか？

【相手が、どの立場で見ているか】
従業員なのか？ 経営者か？ 投資家か？

【相手が、どれくらいの範囲を見ているか】
自身の業種の範囲だけで見ているのか？
世界を知ったうえでの視野を持って見ているのか？

こういったことを分析し、
相手の目に入る場所に、こちらの提案を置くようにして話す。
【その提案が相手にいかに刺さるのか】を、敏感に感じながら話す。

オマエがいいと思うモノを闇雲に勧めても意味は無い。
そもそも、目に映ってすらいない可能性さえある。

交渉の場で、ボーっとする時間など無い。人を、ニーズを、状況を、見極めろ。

伝え方のコツ

目的を見誤るな。

QUESTION

上司に報告したのに、上手く
伝わっていなくて、叱責されました。
なかなか理解してもらえないのが
ツラいです。

ANSWER

オマエのミスだ。
相手のせいにするな。

要 POINT

伝わっていないということは、
伝え方を誤ったということ。
相手の理解力不足でも、
自己責任と考えろ。

GACKT'S OPINION 論

「前にも同じこと言ったよな？」
ボクも、そうやってイラッとすることはある。
ただ、そんなときにイライラを相手にぶつけてもしょうがない。
伝えたボクにも、責任がある。

相手の理解力を見誤り、伝え方を誤ったために、
伝わらなかったということだ。

【ボクが話すこと】が目的ではない。
その情報を【相手に伝えること】が目的。
伝わっていないということは、
そもそもの【伝える】という行為が
成立していないということ。

もちろん、受け手の問題もある。

だが、【自己責任】として考えなければ成長は無い。
誰かのせいにしながら生きていても意味は無い。
相手の立場や理解力を把握し、伝え方を変えろ。

チームGACKTのメンバーは、
ボクに同じことを言わせない。

二聴一言
<ruby>二聴一言<rt>にちょういちごん</rt></ruby>

信頼されるためのテクニック。

QUESTION

みんなが自分の話を聞いてくれません。
どうしたら聞いてもらえますか？

ANSWER

まずは、相手の話を聴け。
相手の話を2つ聴いたら、
意味ある返答を1つ返せばいい。

要 POINT

自分の話ばかりする人間は、
ビジネスでも恋愛でも
その言葉を軽くとられて、
信用されない。

GACKT'S 論

人には耳が2つあるが、口は1つしか存在しない。
これは2つ聴いて、1つ喋れ、ということだ。

人は皆、自分のことを喋りがち。
自分の声を聞いてほしいから、
我が我がと、先に喋ってしまう。

だからこそ、**先に喋るな。**まずはそれを徹底しろ。
相手の話を聴け。【聞く】とは【耳に入る】こと、
そして【聴く】とは【耳を傾ける】ことだ。

常に【2つ聴いて1つ返す】イメージでいれば、
相手は「話を聴いてもらえた」と感じる。
その間に適切な意見を選んで話せば、
自然と信頼を得ることができる。
【自分の言いたいことだけを、まくしたてる者の言葉】は、
信頼され難い。
だが、【他者の話をしっかりと聴く者の言葉】であれば、
重く、意味あるモノとして受け入れられる。

ボクは無駄に話さず、
聴くことに徹し、必要なときに
意味のある一言を発する。

沈黙は嘘を見抜く

嘘つきは、簡単にわかる。

QUESTION

他人に騙されて、
悔しい思いをしたことがあります。
嘘つきとは話したくもないですが、
嘘を見抜く方法はありますか？

ANSWER

会話の中で、
自ら沈黙を作ればいい。
それだけで、相手が嘘つきかがわかる。

要 POINT

嘘つきは、沈黙や間があると
不安になり、饒舌になる。
それが嘘つきのサインだ。

GACKT'S OPINION 論

嘘をついているヤツは、
会話が途切れて静寂になることを嫌う。
「疑われている？」「試されている？」と、
勝手に不安な気持ちが湧いてくるからだ。

もしオマエが、「疑わしい」と思うヤツと話すのなら、
相手の言葉を聴いたのちに、**しばらく黙ってみろ。**

嘘つきはその沈黙に耐えきれず饒舌になり、
不要な情報をペラペラと喋り始める。
聞いてもいないことを延々と喋り続けていたら、
ソイツは信用ならない。

逆に、オマエが相手に信用してもらいたいならば、
わざわざ余計なことを喋るな。

要点を簡潔にまとめ、熱をもって話す。
それだけでいい。

GACKTの沈黙は重い。
嘘つきが耐えられないほどに。

オーラのまとい方

イメージを操作しろ。

QUESTION

すごい人に出会うと、オーラにやられて
尻込みしてしまいます。
自分もオーラのある人間になれますか？

ANSWER

オーラとは、先入観による固定観念に
過ぎない。それを上手く利用すれば、
相手は勝手にオーラを感じてくれる。

要 POINT

自らのセールスポイントを、
第三者を使ってでも、
上手く相手に流せ。

GACKT'S OPINION 論

オーラとは、すでにその人が持っている
オマエに対する印象により、増減する。
相手に対して「すごい人だ」という先入観を持っていれば、
出会ったときに、緊張したり感激したりする。
逆に言えば、相手に与える予備知識や固定観念を
コントロールすることで、**相手にオーラを感じさせ、
交渉などの席で優位に立つことができる。**

一番いいのは、**第三者にその情報を流してもらうことだ。**

・資産が10億超えの、世界を股に掛けるビジネスパーソン
・モテまくっていて、常に30人以上の異性が周りにいる人
・1分で人を虜にする、めちゃくちゃ面白い人
そんな先入観を相手に与えておけば、
相手は勝手にオーラを感じてくれる。

もちろん、情報が嘘八百であれば、逆効果にもなる。
だから、まずは自らの武器を分析し、それをどう伝えたら
相手にとって効果的か、ということを考えろ。

ボクは先入観に縛られない。
だから、他人のオーラなど気にしない。

GACKT'S BRAIN

文句は何も生まない

自分を成長させる思考法。

QUESTION

会社や家族、社会や友人など、
いろんなことに対して不満があります。
この不満は、吐き出したほうが
いいのでしょうか？

ANSWER

不満を吐き出したところで、
世界は何ひとつ変わらない。
オマエにできるのは、
自分自身を変えることだけだ。

要 POINT

文句をいくら並べても、
自分が成長することはない。
むしろ、
成長が止まるだけ。

GACKT'S OPINION 論

ボクは、ツアー期間中もトレーニング機材を持ち運び、
スタッフとともにトレーニングを行う。

GACKTのツアーは、日本一厳しいという自負がある。
加えて、激しいトレーニングの日々だ。
ツラいに決まっている。

しかし、ツラいからと**文句を言ったところで、
オマエの人生は何も変わらない。**

ツラさを受け入れ、**自分を成長させる道**を選ぶか、
ツラさから目を背けて、**ラクを選ぶ自分**に満足するか。
自分の人生だ。自分で決めればいい。

ツラいことや苦しいことが待つ道は、長く険しい。
だが、それを**越えた先には、大きな結果が待っている。**

オマエも、文句を言いたくなったら、
よりツラいほうへ足を踏み出せ。

不平・不満ばかり口にしていると、顔が歪んできてブサイク街道まっしぐらだ。

まずは挨拶

全スタッフに挨拶をしろ。

QUESTION

会社をやっていますが、
スタッフの意識がなかなか
同じ方向に向かいません。
どうすればいいでしょうか？

ANSWER

バイトの子を含め、
全スタッフに挨拶をし、話をしろ。

要 POINT

トップだからこそ、
すべてのスタッフに
心を配り、
自分の意図を直接伝えろ。

GACKT'S OPINION 論

ボクは自身のライブのとき、
現場スタッフたちの元に自ら足を運び、挨拶に回る。
その日限りの、バイトの物販スタッフたちに対してもだ。

直接会って、ライブというモノの意味や、
そこに集まっている意義を、理解してもらうために話をする。

こうして、**全員で1つのチームだとわかってもらう。**
直接声を掛けることで、スタッフのテンションや
モチベーションが上がるなら、いくらでもやる。
あまり他では聞かないが、
GACKTの現場では、20年間欠かしたことがない。

これを、オマエのビジネスの場にも応用して、意識しろ。
バイトスタッフも含め、
関わる人と必ず顔を合わせ、話をして、
直接オマエの意図を伝える。
そうすれば、
今までとは違う、圧倒的な結果を出すことができる。

バイトであれなんであれ、挨拶もせずに偉そうにしてるヤツには、誰もついていかない。

批判の聞き流し方

批判など、セミの鳴き声だ。

QUESTION

職場で、自分の仕事に対して
上司や同僚から批判されます。
自分は間違っていないと思うのですが、
批判が気になってしまいます。

ANSWER

人は人を批判したがるもの。
どんなにうるさくても、
【セミの鳴き声】と考えて聞き流せ。

要 POINT

ほとんどの批判は、
ただの文句。
そんなモノは、
雑音に等しい。

GACKT'S OPINION 論

人は、人を批判したがる。
ある者は**マウントを取るため**、
ある者は**ストレス発散のため**。
それらのほとんどは、意味を成さないただの文句だ。
いちいち気にしてはいけない。

もちろん、筋が通っていて生産的な批判・批評であれば、
冷静に受け止め、分析して今後の改善に役立てればいい。
だが、それ以外の有象無象のネガティブな言葉に、
耳を傾ける必要は無い。

それでも声は聞こえてしまう。
嫌な気分にもなるはずだ。

そういうときは、それらの声を
「夏のセミの鳴き声と同じだ」と考えればいい。
もしセミの鳴き声を言葉として認識できたら相当うるさい。
だが環境音として認識しているので、そこまで苦にはならない。
批評・批判など、セミの鳴き声として聞き流してしまえ。

セミの鳴き声などより、ボクの声のほうが大きく、広く世間に伝わる。

辛苦もすべて笑い話になる

ツラさや苦しみは、未来へ向けて昇華しろ。

QUESTION

ツラいときや苦しいときには、
どうしてもそこに囚われてしまいます。
その状況から抜け出すには、
どうしたらいいでしょうか？

ANSWER

「5年後にはなんだって笑い話になる」
そう考えて、「いつかそれを
笑顔で話せるようになるためには
どうすればいいか」を考えて動け。

要 POINT

【ツラさ】や【苦しみ】に
フォーカスすると、その
時点に思考が縛られる。
未来へと視点を移すことで
前を向いて行動できる。

GACKT'S OPINION 論

人生に波はつきもの。良いときもあれば、悪いときだってある。
周りからは順調に見えるかもしれないが、ボクだってそうだ。

19まで、**ボクは自分のことが嫌いで仕方なかった。**けれど、
「この肉体で、この自分で生きていかなければならないんだ」と
気づいたときに、「1つ1つ【嫌い】な要素を見直して、クリアし、
自分を褒めてやれるようになっていこう」と決めた。
そして学びを重ねて、新たな思考回路をインストールし、
行動に移して、自らのあり方を変えてきた。

気持ちが落ちる瞬間や時期というのは、ある。
だが、どんなことがあっても、**5年後には笑い話になる。**

だからこそ、苦しい時期にだけ焦点を当てて考えないことだ。
「今のこの時期を笑い話にするためには、これからどう行動
していくべきか？」という、未来に合わせた思考に切り替えろ。
すると、視点が【先を見据えるモード】になり、
自然と気持ちも上を向く。
行動に移す段階に来れば、もう落ち込んでいるヒマなど無い。

有象無象のスキャンダルすら、
ボクは笑い話に変えてきた。

アドバイスを聞くべき相手

理想を生きる、先人の言葉に耳を傾けろ。

QUESTION

アドバイスを求めて、
たくさんの人からお話を伺ううちに、
自分が本当に求めていたことがなんなのか
わからなくなってしまいました。

ANSWER

多くの人にアドバイスを求めるな。
【自分が目指す場所】にすでにいる人に
的を絞り、その人たちの言葉の中から
ピンときたモノだけを、心に刻め。

要 POINT

経験に直結しない言葉は
所詮、机上の空論だ。
先人たちの経験を通じた
きちんと身が入った言葉が
オマエの道を切り拓く。

GACKT'S OPINION 論

五里霧中(ごりむちゅう)で【自分の信じたい道】を突き進もうとするとき、
人はどうしても、行動的にも、精神的にも、迷子になりがちだ。

そんなとき大部分の人は、より多くの人にアドバイスを求め、
その中から、自分を救ってくれる言葉を選ぼうとする。
しかし、それは違う。あるいは、良い言葉に出会えたとしても
オマエの人生において、大きなタイムロスとなる。

ボクならば、【自分の目指す道を行く、先人】という
ピンポイントで、【アドバイスを求める対象人物】を絞る。
なぜならば、彼らは【最短距離】【最短時間】で、
ボクが目指すゴールに到達する方法をすでに知っていて、
なんなら、やってのけた経験すらある先輩方だからだ。

さらに、彼らに聴いたその言葉の中から、己の感覚を信じて、
【自分自身】や【今の状況】にピンとくるモノだけを選び取る。
【自分が目指す理想の場所】を知っていて、
ゴールの形が見えているのは、自分しかいないからだ。
選び取った言葉を追い風にし、怠ることなく進んでいけ。

ボクの道の先には
常にGACKTの背中が見える。

価値ある情報の捕まえ方

ネットに頼るな、人の話を聴け。

QUESTION

今はネットにすべての情報があるので、
とりあえずググればいいですよね？

ANSWER

ネットだけでは、
人生における必要な情報は得られない。
人に会い、人と話せ。

要 POINT

人の頭の中にある
生の情報にこそ、
真に大切にすべき
生き方が詰まっている。

GACKT'S OPINION 論

近頃の世の中は、
インターネットによって、たしかに便利になった。
だが、ネット上にすべての情報があると思っていないか？

人は本当に大切な情報のすべてを、
わざわざネットには晒さない。
本当に大切なモノは隠しておく。
そして、信頼できる者にしか伝えない。

もちろん、ネット上にも有益な情報はある。
しかし、人とのコミュニケーションで情報を得る力、
そして情報の価値の真偽を見定める目を鍛えていかないと、
膨大な情報の渦の中、
何が大切なコトのかも、見えてこない。

情報は人から得るモノ、
その前提を疎かにせず、
どんどん人と話しにいけ。

どんなに忙しくても、人と会う。
ボクにとって、なによりの学びだ。

話す前に聴け。
書く前に考慮せよ。
ため息をつく前に許してやれ。
傷つく前に感じろ。
諦める前にやり切れ。

relationship

人は、独りでは生きていけない。
だが、他人に振り回されてもいけない。
本当の意味で人との関係性を構築し、
己の人生を生きる道を行け。

関係

誰かから
光を享受している以上
ボクも
誰かの光でありたい

笑顔は、見ている人を幸せにする。
ただ、取り繕った笑顔など要らない。

ボクは不器用にGACKTをやっている。
それでもそれを精一杯続けているのは、
ボクがGACKTでいることで、誰かを救えていること、
多くの人を笑顔にできていることを自負しているからだ。

オマエ自身が、心の底から笑顔でいられるような場所はどこだ？
オマエ自身が求め、
また相手からもオマエを求められている関係性を築ける場所でこそ、
オマエは笑顔で輝けるはずだ。

憧れの人に会いに行くのもいい。
要らない人間関係を捨てるのもいい。
自らの魅せ方を自らの手によって磨き、
より多くの信頼と愛を、
多くの人から勝ち得ることを目指してもいい。

人は独りでは生きられないし、輝けない。
無論、ボクだってそうだ。
だからこそ、目に見える、見えざるにかかわらず、
日頃のボクの生活を支えてくれている人たち、
そしてボクを評価し愛してくれることで、
ボク自身を輝かせてくれている多くのファンに対して、
GACKTという生き様の背中を魅せることで、
感謝の気持ちと愛を伝えたい。
オマエたちがいるから、ボクがいる。
オマエたちのためにも、ボクは輝き続ける。

**人と真に心から繋がり合うには、
相互のコミュニケーションをしっかり取ることと、
独りでいるときに自分の内面と向き合うこと、
２つの要素がとても肝心だ。**

「**愛している**」と、オマエにとって大切な存在の人々に
しっかりと言葉で伝えているか？
日本人は、「**言わなくてもわかるだろう**」を
美学として捉えがちだが、
人との関係性作りにおいて、それはタブーだ。
オマエの溢れんばかりの愛情と感謝を、言葉でしっかりと示せ。
いつか伝えられなくなる瞬間が来たとき、オマエが後悔する。

同時に、相手の態度や対応に我慢がならないとき、
オマエはきちんと自分の心の声に耳を傾けて、
それを**正しい言葉で、相手に伝えようとしているか？**

愛すること・受け入れることと、ただ従順になることは、違う。
オマエの中で、相手との人間関係に違和感を持ったなら、
きっとオマエの、その直感は正しい。
短い人生を、より輝かしいモノにするために、
余計な回り道をしているヒマは無い。
オマエのその思いを、正しく自分で分析し、
相手を想いながら言葉を選び、感情をぶつけろ。
真の大人同士なら、きっとわかり合うことができる。
それでわかり合えないヤツとは、おさらばだ。
そんなヤツと戯れている時間は無い。
オマエが真に愛することができ、真に愛してくれる人だけに、
100％のオマエの力と、愛情と感謝を注げ。

オマエは
愛を
言葉に
しているか？

出会いのインパクトで勝負

相手の記憶にオマエを残せ。

QUESTION 問

他人に自分という人間を印象づけるには、
どれくらいの時間が
掛かるのでしょうか？

ANSWER 答

一瞬だ。
その瞬間、いかに相手の印象に残るか。
いかに「ヤバいヤツ」と
思わせられるかを考え、実行しろ。

要 POINT

長い付き合いで
わかり合うこともある。
だが、出会いは一期一会。
その一瞬で勝負しろ。

GACKT'S OPINION 論

人の印象とは、一発で決まることが圧倒的に多い。
そもそも、出会ったあとにまた会える保証も無い。
出会った一瞬を、
二度とない機会だと受け止め、覚悟を決めて全力で向かい合え。
昔、あるヤンチャな男に飲みに連れて行かれたときの話だ。
サパーに10人程の若い連中が溢れ返っていた。
ソイツらはボクと飲むために集められた連中だった。
「今夜は死ぬまでよろしくお願いします！」と
ギラギラ目を輝かせながら全員でボクを威嚇してきた。
「ったく…」と思ったが、頭の中は冷静だった。
全員がボクを囲むように座っている中、
ボクは、店員に店にあるだけのショットグラスを持ってこさせ、
目の前で注いだ20杯のテキーラを一気に飲み干した。それまで
ギラついてた連中から、さっきまでの勢いは無くなった。
「オマエら、行くとこまで行くか？」この一言で終わりだ。
そのあとはギラついた雰囲気も無くなり、
全員で楽しく過ごすこととなった。
「コイツ、ヤバいぞ」と一発で思わせること。
一発勝負。居合い抜きの精神で集中し、瞬発力を発揮しろ。

GACKTは一閃。
居合い抜きの精神で印象を残す。

別れ際のテクニック

人の印象に残るために。

QUESTION

好きな異性とデートする際や、
大切な取引先との打ち合わせの際に、
心掛けたほうがいいことはありますか？

ANSWER

別れ際が肝心。
相手の心に残る別れを演出しろ。

要 POINT

ステージで
余韻として残るのは
ライブの最後の演出。
その印象が心に残れば、
次の機会が生まれる。

GACKT'S OPINION 論

人の心に印象を残すには、別れ際が肝心だ。
簡単に「じゃあ、また」と、サラッと終わらせてはいけない。

別れを惜しみ、
「話ができて本当に愉しかった。またすぐに会おう」
そうゆっくりと語り、相手の目を見て力強く握手をしろ。

映画は、フィナーレの印象的な作品が心に残る。
レストランで食事をしたときも、
店員の別れ際の挨拶が心に残れば、
また通いたくなるものだ。
ライブも、余韻として残るのは最後の演出だ。

【オマエ】というステージを観ている相手の心に印象を残すには、
別れの瞬間に、**誠意をもって魂を注げ。**
相手の心に、オマエという存在を焼きつけろ。

別れたあとも、
強く握手した手の余韻を、相手は感じているはずだ。

ボクなら、女性を帰したとしても、
その心は帰さない。

人間関係は長さより深さ

人との関係の築き方。

QUESTION 問

知り合ったばかりの相手に
どこまで近づいていいのでしょうか？
長く付き合ってからのほうが
いいでしょうか？

ANSWER 答

人の付き合いは長さよりも深さ。
時間の長さなど気にせず、
深く繋がれ。

要 POINT

長い時間をともに過ごせば
わかり合えるなんてのは、
ただの錯覚。
人と人との関係は、
そんなに単純ではない。

GACKT'S 論

付き合いは、長ければいいというわけではない。
同じ年数を過ごしていても、お互いの状況によっては、
長く一緒にいるほど心の距離が開くこともある。
「コイツは長い付き合いだから、わかってくれるだろう」
そんなのは、ただのオマエのエゴだ。
付き合いの長さだけで、
「自分は特別だ」、という意識を持ってしまうヤツも多い。

人と付き合うときは、
「時間が関係性を育ててくれる」と錯覚せずに、
【どうやったら短い時間で深く付き合えるか】を考えろ。
関係値というのは、出会った直後がもっとも旬なんだ。

オマエも時間の長さなど気にせず、
深さを意識し、人と付き合え。

時間が短くても、
お互いをさらけ出し合えるような関係になれば、
人は深く繋がることができる。

愛をもって
より深くまで、そっと差し込め。

人間関係作りで身を立てる

人の懐に入るスキルがあれば、生きられる。

QUESTION 問

いわゆる【仕事ができない人間】で、
目立った社会的スキルも無く、人と
仲良くなることだけが得意です。
こんな自分でも社会で生きられますか？

ANSWER 答

【人間関係を上手く作るスキル】こそ、
仕事をするうえで最重要なモノだ。
周りを見渡して、近いスキルで
身を立てている先輩を探し、
その方法を学べ。

要 POINT

ほとんどの場合、
仕事は、人と人とが
交じり合って行うモノ。
人間関係構築スキルを
使って仕事をするヤツを、
ボクは、多く知っている。

GACKT'S 論

【人と仲良くなれるスキル】を持っているなんて、
素晴らしいことじゃないか。
実際、ボクの周りにも不思議なヤツらがいる。
彼らは、**仕事のスキルはそれほど高くないのに、**それでも
当たり前に気持ち良さそうに仕事をし、カネも稼いでいる。
なぜなのか？ 彼らの仕事に焦点を当ててみると、
【人間関係を形成するポジション】そのものが仕事になっている
というケースがほとんどだ。
よほどの専門職でもない限り、
仕事は人と交わって行うことが不可欠。
逆に**どれだけ仕事上のスキルがあっても**
上手く人間関係を作れないヤツは、破綻することもある。

【類は友を呼ぶ】というくらいだから、
オマエの周りにもきっと、【人間関係を上手に作るスキル】を
上手く使って、仕事に繋げているヤツがいるはずだ。
そんなヤツらから学んだり、自分と似たニオイのする
【社会的成功者】に学んだりして、行動を真似ろ。
きっと、オマエが社会で生きていける活路も拓くはずだ。

人の懐にスッと入るヤツは、
ときにアッと驚く結果を出せる。

否定的な上司をも圧倒する

出過ぎた杭になれば誰にも打たれない。

QUESTION 問

ソリの合わない上司がいて、
なにかと否定されがちです。それでも、
職場で認められたいと思っています。
どうすればいいでしょうか?

ANSWER 答

出過ぎた杭は、誰も打てない。
自分の能力の足りない箇所を
水面下で補いながら、誰にも文句を
言われない結果を残す努力をしろ。

要 POINT

ちょっとした結果程度では、
【出る杭】とみなして
オマエを打つヤツもいる。
圧倒的な結果を出せば、
何も言われない。

GACKT'S OPINION 論

非常に残念なことだが、この世には、自分以外の者、
ましてや自分の後輩や部下にあたる者が結果を出すことを
快く受け入れられない、度量の狭い者が多い。
そういうヤツの前では、ちょっと結果を出したくらいでは、
【出る杭】となり、打たれてしまう。
ならばオマエは、【出過ぎた杭】になるしかない。
出過ぎた杭は、誰も打てない。
圧倒的な結果さえ出せば、誰も何も言えなくなる。

努力の過程が誰にも認められず、
孤独を感じることがあるかもしれない。
しかし、「頑張っている過程を誰かに認めてほしい」
という欲求は不要だ。
【頑張る】という行為は、して当たり前の行為であり、
頑張らなければそれをクリアできないというのは、
本人の能力の問題だからだ。

だからこそ、**過程の努力は自分自身の内側で静かに評価し、**
表には出さず、【出過ぎた杭】になるべく、歯を食いしばれ。

先輩方にいくら【生意気】と言われても、言い返しはしない。圧倒的な結果で返事をする。

可愛がられる【後輩力】

媚びず、等身大で可愛がられるヤツであれ。

QUESTION

先輩との関係性作りが苦手です。
可愛がられる【後輩力】を
身につけたいので、
アドバイスをお願いします。

ANSWER

受け身の姿勢を取らず、先輩のことは
自分から誘え。そのうえで、媚びず、
過度に恐れず、等身大のオマエでいろ。
敬語は心の距離感に従って正しく使え。

要 POINT

自分に興味を持つ後輩の
ラブコールは嬉しいし、
過度に気を遣わずに、
自分の思いを素直に
言えるヤツは可愛い。

GACKT'S 論

「また誘ってください！」「いつでも声掛けてください！」
そんなことを、先輩相手に言っていないか？
ボクなら、そういう受け身姿勢のヤツは誘わない。
「○○日空いてますか？ ご飯連れて行ってくれませんか？」
自ら勇気を出して、そう声掛けしてきてくれる後輩は可愛いし、
ボク自身も先輩に対して、いまだに同じように声を掛けている。
そうすることで、自ら学ぶ姿勢があることを、
先輩に感じ取ってもらえるからだ。
そして、いざ会う段階になっても、相手に媚びる必要は無い。
自分の美学や思いをブレさせることなく、
必要に応じて伝えることが大切だ。
ボクと会うと気を遣ってくる後輩は多いが、ボクも人間。
些細なボケなどにツッコんでくるヤツは、やはり可愛い。

ただし、相手との心の距離を見誤るな。わかりやすい１つの
指針としては、**【言葉の距離】が【心の距離】**だ。必要以上に
くだけた言葉を使わず、まずはきちんと敬意を持って接しろ。
丁寧なコミュニケーションを重ねる中で、心の距離が近づき、
敬語など気にならなくなった頃、兄弟のような仲にさえなれる。

YOSHIKIとボクの仲は、丁寧に重ねたコミュニケーションの最終形。

愛することを躊躇<ruby>躊躇<rt>ためら</rt></ruby>うな

好きな人には、気持ちを伝えろ。

QUESTION
問

気になっている女性に夫がいます。
不倫は良くないですよね。
2人が別れるのを待つべきでしょうか？

ANSWER
答

オマエが惚れた人に、
他の誰かが惚れないはずはない。
むしろ、独りのほうが不自然だ。
相手の傍に誰がいても気持ちは伝えろ。

要 POINT

声を掛けるのは自由だ。
断るのも、
その人の自由なのだから。

GACKT'S OPINION 論

「パートナーがいる人に、声を掛けちゃいけない」
そんな風潮があるが、意味がわからない。
不倫もそうだ。

たとえば、ある女性に惚れて、気持ちを伝えたとする。
しかし、その子にはすでに彼氏がいて、彼女にとって
彼氏のほうが大切だと思ったら、断ってくるだろ？
逆に「そうじゃない」とその子が思えば、
新たな恋が始まる、ただそれだけだ。
結婚していたとしても同じだ。
「アナタはたしかにカッコいいし魅力的だけれど、
私には愛する夫がいるの」と言われたら、しょうがない。
オマエの負けだ。
逆に、オマエに彼女がいたとして、その子に優しくせずに
ひどい扱いを繰り返せば、**他の誰かに奪われる。**
今のパートナーにとって、**常に【最高】でいれば**その心配は無い。
もちろん、結婚している人間に惚れるのはリスクがある。
しかしそれは、**自分で選んだ背負うべき業**だ。
他人に文句を言われることではない。

パートナーがいない人だけを
選ぶのは、【余りモノ】を選ぶのと
同じじゃないか？

傷の舐め合いは無意味

仲間という関係性。

QUESTION

事業で失敗した仲間がいます。
仲間として、悩みや苦しみを
聞いてあげるべきでしょうか？

ANSWER

傷の舐め合いは無意味。
回復させるための手立てなら、
痛みを伴おうが存分にやれ。

要 POINT

傷は舐めても治らない。
苦しみをただ吐露しても
何も変わらない。
生産的な行動を取れ。

GACKT'S 論

仲間を作っても、**傷を舐め合うような関係性では意味が無い。**
傷とは、舐めている間は痛みが和らぐが、
舐めるのをやめれば、また痛み出すもの。

悩みや苦しみを打ち明け合う、仲間との関係性も同じだ。
そんな、互いの傷を吐露するような話だけをしていても、
何も解決しない。

真の仲間とは、互いに傷を縫い合うものだ。
もちろんどちらの立場でも、縫われているときは痛い。
だが、縫い終えたとき、その傷は確実に治癒していく。

痛がっていようとも、ソイツが
二度と同じ過ちを繰り返さないように、相手の傷を縫え。
いい人ぶって、その場しのぎをするヤツは仲間ではない。

相手を救うには、ときに痛みも必要だ。
痛みを厭わずに救い合う仲間たち。
そんな仲間が集まれば、ファミリーとなる。

傷を舐め合うよりも、
もっと舐めるべきモノは
他にある。

心の距離の決め方

距離感は自分で決めろ。

友達との付き合いで振り回されて、
いつも大変な思いをしています。
どうしたらいいでしょうか？

相手との心の距離は、
オマエが決めろ。
自分の人生は、
自分でコントロールしろ。

要 POINT

相手のペースや
距離感に合わせていると、
自分を見失い、
人生という道にも迷う。

GACKT'S OPINION 論

友達との付き合いで振り回されてしまうのは、
心の距離の決め方に問題があるからだ。
誰かに流されるのではなく、
心の距離は、自分で決めろ。

なにもこれは、友人関係に限ったことではない。
仕事、趣味、恋愛、家庭、etc...
ありとあらゆる人生の要素に対しても、同じことだ。
すべてのものごとと、**オマエ自身との適切な距離感は、
オマエ自身で設定しろ。**
設定できなければ、他人の距離感に巻き込まれていき、
オマエは自分の人生を手放すことになってしまう。

オマエの人生は、**オマエ自身で演出**しろ。

誰かが決めるモノではない。
オマエの人生を、
オマエが決めるために、
すべてに対する距離を見直せ。

GACKTの人生の
監督、総合演出は、
ボク、ただ1人だ。

ストレスでレベルを上げろ

ストレスとの戦い方。

QUESTION

会社の上司が苦手です。
日々ストレスを感じますが、
どうしたらいいでしょうか？

ANSWER

ストレスは嫌なモノ、
そう決めつけずに
自分の糧にしろ。
どう捉えるかは自分次第だ。

要 POINT

ストレスを
ゲーム感覚で捉えれば、
攻略するたびに、
オマエのレベルが上がる。

GACKT'S OPINION 論

学校でも会社でも、社会生活を送っていれば、
目の前に嫌なヤツが必ず立ちはだかる。
だが、そんなのは当たり前。出会わないほうがおかしい。

自然界で、草食動物が肉食動物に出会うことは避けられない。
同様に、人間も出会いたくない人に出会うものだ。
それは相当なストレスとなる。
しかし、そのストレスをネガティブに捉えると、
ただただ疲弊していくだけだ。

【生きる】ということは、
様々なストレスをいかに克服し、
攻略するかというゲームだと考えろ。

【仕事】とは、**ストレスを感じさせるヤツと**
いかに共同作業できるか、というゲームだと考えろ。

すべてのゲームを攻略するたびに、
オマエのレベルは上がっていく。

GACKTは
ストレスをフルボッコにし、
経験値を積み重ね、レベルを上げる。

学校に通う意味

目指す道について学ぶ場所を、学校と呼ぶ。

QUESTION

学校に行く必要性がわかりません。
なんの意味も無いなら、
やめたいと思っています。
学校に通う意味ってなんでしょうか?

ANSWER

今いる環境が、【オマエのやりたいこと】
あるいは【やりたいことを見つける場所】
どちらかに通じる場所なら、耐えろ。
そうでなければ、飛び出せ。

要 POINT

一見、目的無く通うようでも、
実は学校が
新たな世界への
扉を開くことがある。

GACKT'S OPINION 論

オマエが望む将来の姿が、すでに見えているとする。
そこから逆算して考えたときに、
今いる学校やそれに近しい環境が必要なのであれば、
それは、**オマエに必要な道**だ。
しかし、そうでないのならば、話は違う。

【すでに進みたい道を見つけているパターン】と
【まだ何も見つかっていないパターン】、両者について話そう。

まず、前者の場合。進みたい道があるのにもかかわらず、
今オマエがいる環境が、夢を叶えるために
およそ必要の無い工程ならば、
今の場所を離れ、**将来目指す道に続く環境へと身を転じろ。**
だが、後者の場合。【何か目指すモノに出会うため】と考え方を
変え、学校という場所を**1つの大きな【チャンスの集う空間】**
として考えることもできる。
いわば【やりたいことを探すための環境】にしてしまえばいい。
そう割り切ることで、同時に学外での
新たな世界との出会いにも、目が向きやすくなる。

学校という場所は【絶対】ではない。
ただ、可能性には満ちている。

ともに向上できる仲間選び

自分の人生に自覚的なヤツらと交われ。

QUESTION

長く一緒にやっていける
仲間を作りたいです。
GACKTさんは、どういう基準で
【仲間作り】をしていますか？

ANSWER

【このチームに自分が必要か】を
自分でしっかりと認識している人たち、
「この人たちと同じレベルでいたい」と
思える人たちを選んで付き合え。

要 POINT

人は簡単に周りに染まる。
「朱に交われば赤くなる」
とは、よく言ったものだ。
同じ色に染まりたくなる
仲間こそ、真剣に探せ。

GACKT'S OPINION 論

たとえ話をしよう。オマエが1人の子どもだったとする。
子どものほとんどは、時間の大半を学校で過ごす。
将来のことを何も考えず、ただその瞬間を楽しく過ごす
子どもばかりが集まった学校。はたまた、保護者が子どもと
しっかり将来を語り合う環境で育ち、なりたいモノのために、
「今自分が何を学ぶべきか」をしっかりと認識している子ども
ばかりが通う学校。どちらの学校に身を置いたほうが人生に
とってプラスになるかは、火を見るより明らかだ。

人間は、**周りの環境や、自分の周囲にいる人たちの影響を**
色濃く受けながら作り上げられていく生き物だ。
【人を選んで付き合う必要がある】とは、そういうこと。
「自分が何者になりたいか」「自分は何をやりたいのか」が
はっきりわかっていて、そのために努力する仲間たちとともに
時間を重ねていけば、いつしか自分も同じレベルになっていく。

【仲間である】とは、**【互いに近しい感覚を得ること】**だ。
「この人たちと将来に向かって互いに切磋琢磨したい」
そう想い合える人たちと生きれば、互いに向上していける。

「朱に交われば…」の朱の色味が
オマエのレベルを表している。

ボクはいまだに
先輩方の背中から
たくさんのことを
学んでいる。
だからボクも、
背中で魅せる。

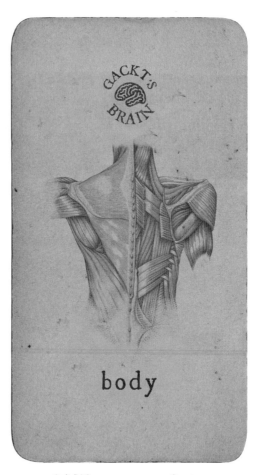

body

理想のカラダは、
トレーニングと食事、
そして思考で創られる。

身体

攻めた生き方が
カラダを創る

「GACKTさんは、トレーニング好きですよね？」
「GACKTさん、いいカラダしてるからモテますよね？」

こんなことをよく言われる。
まずボクは、トレーニングが嫌いだ。できれば一生やりたくない。
そしてボクは、【モテたくて】【なりたいカラダを目指したくて】
鍛えているわけではない。

アーティストとしても、プライベートでも、仕事、趣味、遊びでも、
今の年齢で自分がやりたいことを思いっきりするには、
きちんと動けるこの体型、このカラダが必要なんだ。
決して、【誰か】のためにカラダを創っているのではない。
ただ、このカラダをキープしてると、勝手にオンナは寄ってくるが。

もちろん、カラダだけを鍛えていてもモテるわけじゃない。
【魅力的なカラダ】以上に、日々のすべてに全力で生きる、
【攻めた生き方】をしていれば、自分自身を信頼できるようになる。
内側から絶対的な自信が溢れ、その覇気は緩むことがない。
いくつになっても、カッコ良くいられる。
その【生き方】に興味を抱く人が、
性別とは無関係に、寄ってくる。

見られるためではなく、モテるためでもなく、
【やりたいことをやるため】に、理想のカラダを創れ。
そのために【やるべきことをやっている】人間は、
カラダだけで魅せる人間より、段違いにモテるぞ。

そして全力の日々を重ねていったとき、いつのまにか、
オマエの人生が大きく変わっていることに、気づく日が来る。

できるヤツは、やるべきことを今日実行する。

できないヤツは、やるべきことを
「今度やろう」「明日やろう」「いつかやろう」
そう言って、先送りにする。

なぜ、今やらない?
なぜ、ラクなほうを選択するんだ?
人生をもっとも無駄にしてしまうモノ。
それは、【先延ばし】にしてしまうオマエのマインドだ。

夢への挑戦を、先延ばしにする。
大切な人との重要な話を、先延ばしにする。
新たな学びを、先延ばしにする。
行きたい国に行くのを、先延ばしにする。
親孝行を、先延ばしにする。
志したダイエットやトレーニングを、先延ばしにする。

1つでも思いあたるモノはあるか?
では、今すぐやらないで先延ばしにしているメリットが言えるか?

「今さえラクであればそれでいい」 という人生を、
この本を読んでいるオマエは、歩まないでくれ。

そして、先送りを続けることで何を失い続けているのかを、
一度きりの人生においてどんな代償を支払っているのかを、
考えてみるんだ。

先延ばしの代償

無茶ができる理由

本気で遊ぶためのカラダ創り。

QUESTION

GACKTさんは、食事にも
カラダにも気を遣いますよね。
健康マニアなのですか？

ANSWER

ボクは健康を極めたいわけじゃない。
すべてを我慢して
健康のために捧げる人生は無意味だ。
ボクは、遊ぶためにカラダを創る。

要 POINT

本気で遊びたいのなら、
本気でカラダのことを考え、
ケアしろ。
無茶の利くカラダを創れ。

GACKT'S OPINION 論

> **ボクは別に健康マニアじゃない。**
> 「アスリートのようにストイックだね」、と言われるが、
> アスリートの方々と違い、
> めちゃくちゃ酒を飲むときもあるし、
> 夜を徹してめちゃくちゃ遊ぶときもある。
> 健康マニアからすると、激怒しそうな無茶をする。
>
> カラダに散々マイナスなことをしているから、
> **カラダを壊さないために、**無茶の利く状態でいるために、
> 食事とトレーニングで、**プラスマイナスゼロ**にしている感覚だ。
>
> **本気で遊ぶからには、本気で鍛える。**
> すべてはトレードオフ。
>
> 「健康のために楽しいことを我慢する」
> そんなことを言うくらいなら、
> とことん無茶して遊ぶため、健康に気を遣え。
> 我慢ばかりの人生に、なんの意味がある？

健康も、トレーニングの一環。
すべては、本番のための準備だ。

その日のために鍛えろ

その力が必要な日は必ず来る。

QUESTION

GACKTさんは、なぜそんなに
鍛えるのですか？
強くなりたいからですか？

ANSWER

人には人生で数度、
誰かを護るべき【そのとき】が来る。
護るためには【強く在らねばならない】。
だから、鍛える。

要 POINT

【想い】だけでは足りない、
力が必要な
【そのとき】が、必ず来る。

GACKT'S OPINION 論

誰しも、護りたい大切な人がいる。
家族、恋人、友人、もちろん自分自身もそうだ。
そして自分の力が足りなければ、誰かが傷つく瞬間がある。

火事場のクソ力？ そんなのは【まやかし】だ。
【想い】だけではどうしようもできないことがある。
なにより、自分が壊れたら、誰も護れなくなる。
そして、大切な人を護ることをおざなりにする人間が、
何か大きなことを成し得るのは、不可能だ。

ボクは自身を徹底的に追い込み、鍛える。
常人から見れば、狂ってると思われるかもしれない。
ボクにとっても鍛えるということは、とてもツラい。
生半可な精神では耐えられない。

だが、そうして自らを追い込めば、
肉体だけではなく、心も鍛えられる。
心と肉体を鍛え抜け。オマエと、**オマエの大切な人を
護らねばならない、その日まで。**

まずは1ヵ月、狂ったように鍛えろ。世界が変わる。

疲れにくいカラダを創れ

体幹は人生を変える。

QUESTION

GACKTさんは、毎日朝から
ハードなトレーニングをして、
そのあとの1日、疲れないのですか？

ANSWER

トレーニングは疲れる。
しかしトレーニングを重ねるほど、
その疲れは残りにくくなり、むしろ、
よりアクティブに過ごすことができる。

要 **POINT**

筋トレは血流を良くする。
体幹トレーニングは、
疲れにくいカラダと、
美しい姿勢を創る。

GACKT'S OPINION 論

勘違いしているヤツが多いが、
トレーニングそのものは、もちろん疲れる。
しかし、トレーニングをしないほうが**疲れやすいカラダ**となる。

ストレッチはもちろん、筋トレをすることで、
血流が良くなり、体調が改善され、集中力も上がる。
運動しなければ血液がドロドロになり、
カラダの不調や気だるさが頻発する。

また、筋トレで無闇に筋肉を太くしたがるヤツがいるが、
カラダの外側に筋肉をつけようとし過ぎると、
筋肉の回復にエネルギーが割かれて、むしろ疲れやすくなる。

もっとも鍛えるべきは、体幹だ。
ムキムキではない、引き締まったカラダを創ることができる。
また、体幹を鍛えることでカラダのバランスが良くなり、
全身が安定し、疲れにくくなり、肩こりや腰痛も解消する。
そして、体幹のしっかりした者は姿勢も美しい。
姿勢の美しさは性別問わず、オマエの魅力を倍増させる。

人間の根本となるカラダの強さは、体幹で決まる。

トレーニング貯蓄は不可能

何もしなければ、老化が進む。

QUESTION

毎日のトレーニングをするには、
時間が足りません。
しばらくトレーニングしたら、
少し休んでもいいですか？

ANSWER

あっという間に老化したいならご自由に。
寝溜めができないように、
トレーニングも貯蓄できない。
だから、ボクはトレーニングをやめない。

要 POINT

日々のルーティンは、
繰り返さなければ、
なんの意味も無い。

GACKT'S 論

「歳を取るから体力が落ちる」と思っていないか？
それは違う。**何もしないから体力が落ちる**んだ。

若い頃は【若さ】というエネルギーがあるから、体力は満タンだ。
だが、その貯蓄を使い果たせば、
カラダの劣化は驚くほど早くなる。

ボクだって、トレーニングをやめれば、
すぐダメになる。

1日休めば、取り戻すには3日掛かる。
負の貯蓄ばかり増えていき、いつかツケが利かなくなる。
それって面倒だろ？
だからボクは、毎日トレーニングをする。

自分のカラダを思い通りに動かし、
若々しさを保つより、重要なことがあるか？
忙しさを言い訳にすればするほど、
大切なモノを失っていく。

トレーニングを積み重ね、いつの日か、オマエが前のめりに倒れるまで、現役でいろ。

休まない選択肢

自分のポテンシャルを知れ。

QUESTION 体調が悪いとき、
GACKTさんはトレーニングを
休むのですか？

ANSWER ボクは体調が悪くても休まない。
そんなときだからこそ、
得られるモノがある。

要 **POINT**

ツラいときに休む、
そんなことでは
オマエの限界は
見つからない。

GACKT'S 論

ボクは、体調が悪いときでも、
「こんなときは休もう」という思考にはならない。
風邪を引いていても、熱が出ていても、
トレーニングを怠らない。
ライブのような、ハードな1日の始まりにも
トレーニングを欠かさない。
なぜか？
そんなときだからこそ、得られる感覚があるからだ。
キツいと感じる状態であっても、
自分がどれくらい動けるかを知る、良い機会だと捉える。
それは、自分のポテンシャルを知ることにも繋がる。

オマエは、自分の限界を感じたことがあるか？
ボクは何度も、自分の限界を感じた。
そして、その限界を、**必死で押し拡げてきた。**
だからこそ、今のGACKTがいる。

オマエも、常に自分の限界に挑み続けろ。

ツラいときは、己の限界を 押し拡げるチャンス。

太っていてもカワイイ？

魅力的であればそれでいい。

QUESTION

最近、「そのままでいい」って風潮が
ありますよね？
太っている自分がいいなら
それでいいですよね？

ANSWER

デブでいることにメリットなど無い。
もちろん、太っていても
魅力的な人間はたくさんいる。
しかし、そこには理由がある。

要 POINT

ネガティブな要素があっても、
それを凌駕するほどの
ポジティブな要素を
磨けば、オマエは輝ける。

GACKT'S OPINION 論

ボクは常々、
「デブであることにメリットなど無い」と言っている。
太るか太らないかは、自分の選択だ。
努力を怠らなければ、人間が太る理由など無い。
だから「太っていていい」というのは、言い訳にしか聞こえない。
その言い訳は、非常にイケてない。

芸能人にも、アーティストにも、
経営者にも、太っている人はいる。
しかし、その中で、ボクが魅力的だと感じている人たちは、
第一線で活躍し、**【結果を出している】人たちだ。**
たとえば、**「あの人は太っている。でも、ものすごく面白い」**
そう言われるような人であれば、その魅力ばかりに目がいく。

ネガティブを凌駕した、**ポジティブな「でも」**と言われる部分が
あれば、人は体型がどうだろうが頭がハゲていようが、
「カッコいい」「素敵」「カワイイ」と称賛される。
オマエはどうだ?「太っていていい」を免罪符に、
堕落した豚のように、ダラダラと生きていないか?

オマエには、ポジティブな
「でも」がいくつある?

痩せるな、絞れ

美しいカラダとは何か。

QUESTION

痩せて綺麗になりたいです。
GACKTさんは、痩せた女性が
好みですよね？

ANSWER

痩せることと、綺麗になることは違う。
ただ痩せるのは貧相なだけだ。
そこに美は無い。
もちろん、ボクの好みでもない。

要 POINT

痩せただけのカラダには、
生命力は宿らない。
カロリー制限よりも
大切なのは、運動だ。

GACKT'S OPINION 論

【痩せる＝綺麗になる】という偏見は、根強い。
「体重が少なければいい」と、無理して食事を減らしても、
それは貧相なカラダを創っているようなものだ。
世界的に見ても、日本人は極端に【痩せること】に
こだわっている。しかし体重だけにこだわるのはナンセンスだ。
体脂肪率、筋肉のつき方、骨密度など、様々な要素で
【不必要な脂肪があり過ぎるかどうか】を判断すべきだ。

ダビデ像を見てみろ。美しいだろ？
あれが、骨の透けるようなガリガリのカラダだったらどうだ？
つまりはそういうことだ。好みはあるだろうが、
少なくともボクは、引き締まったカラダを美しいと感じる。

痩せるのではなく、【絞る】という意識を持て。
そのためには、トレーニングだ。鍛えるしかない。
食事は、オマエのカラダを創りあげる重要な要素だ。
量よりも、内容にこだわれ。そして食べたら鍛えろ。
内面から生命力が滲み出るような美しさを磨け。

引き算の努力ではなく、
掛け算の努力が、美しさの秘訣だ。

ルーズな服では体型も緩む

自分の変化に敏感になれ。

QUESTION
GACKTさんはスリムな服装が
多いですが、それは好みだからですか？
それとも他に理由があるのですか？

ANSWER
人前に立つプロとして、
体型の変化に敏感になれる服、
カラダのラインに沿う服を選ぶから、
自然とスリムなラインの服になる。

要 POINT

ジャストサイズの服を
着続けることで、
自分の理想の体型を
キープすることができる。

GACKT'S 論

ファッションの好みは自由だ。
それぞれが好きな服を着たらいい。
しかし、ボクがルーズな服を着ることはない。
そういう服を着ると、**自分の体型の変化に気づけないからだ。**

パンツはウエストサイズギリギリのモノを穿く。
少しでも体型が乱れ、ウエストのサイズが変われば、
絶対に穿くことはできない、まったくゆとりの無いモノだ。

トップスも同様だ。
スリムなトップスを選ぶことで、首周り、肩幅、胸囲など、
自分のサイズの小さな変化に気づくことができる。

自分のベストなラインに沿った服を着ている間は、
常に気が緩むことはない。
自らを律していなければならず、
緊張感を持って日々を生きることができる。

まずは1枚、ジャストサイズの服を買え。

服装の歪みは、
食生活の歪み。

自分のカラダを好きになれ

ボクは自分が嫌いだった。

QUESTION

生まれ持った自分のカラダ、
体格が好きではありません。
GACKTさんは、
自分を嫌いになることはありますか？

ANSWER

生まれ持った姿は変えられない。
だから、向かい合うしかないんだ。
目をそらさずに、まずは
自分を嫌う気持ちを変えていけ。

要 POINT

ボクもオマエも、
結局このカラダで、
この自分で、
生きるしか道はない。

GACKT'S 論

ボクは自分が嫌いだった。

でも、自分を嫌っていても何も変わらないことに気がついた。
今回の人生では、このカラダとこの自分しか与えられていない。

カラダを含め、自分自身を【好き】になることは難しいとしても
ちょっとずつ【嫌い】であることをやめることはできる。

まずは、やるべきことをやり、**自分を褒めてやれ。**
「オマエ、やるじゃん」
「嫌いと思ってた部分も、悪くないかも」
変えられない部分はもちろんあっても、
同じくらい、変えられる部分もある。

自分の理想に向かってあらゆることに挑戦していれば、
いつのまにか変わった自分にとって、
【嫌い】な部分が気にならなくなる日が来る。
そして、何かに没頭して無我夢中で生きている人間は、
嫌いな部分のことを考えている余裕すら無くなる。

一度きりの人生を、
悩むヒマ無く駆け抜けろ。

美味い食事

食事は、1日の過ごし方のバロメーター。

QUESTION

GACKTさんは食事を
大切にしていますが、私は正直栄養が
摂れればいい気がしてしまいます。
食事はそんなに重要ですか？

ANSWER

栄養以前に、【食事を摂る】という
行為を大切にしろ。
食事は、その日を全力で生ききったかを
確認し、生を感じられるひとときだ。

要POINT

生きることに手を抜いた日の
食事は不味い。
最高の食事で
最高の1日を締めくくれ。

GACKT'S OPINION 論

やるべきことを終えたあとの食事は最高だ。
狩猟時代の人類は、獲物を獲らなければメシを食えなかった。
農耕時代に入っても同じこと。
【やるべきことをやったあとに食事を摂る】ということは、
ボクたちの本能に刻まれている。

しかし、今の時代は、適当に生きていても、
やるべきことをやらずに1日を終えても、
簡単にメシが食えてしまう。
ただそれでは、本当の意味での満足は得られない。

【やるべきこと】をやりきり、疲れ果てたときに初めて、
カラダが、本能が、悦ぶ食事を摂ることができる。

美味いメシが食いたいか？
その日にやるべきことを徹底的にやり尽くし、
死ぬほど疲れた状態で食事をしろ。
今までに**経験が無い**ほどの、**美味いメシ**が味わえる。

誰と、どの店で、どんな気分で、何を食べるか。そのすべてにこだわれ。

食生活で鬱を打破する

健全な思考は、正しい食生活から。

QUESTION

【鬱】状態になってしまうときがあり
ツラくてどうしようもありません。
どうしたら改善できるでしょうか？

ANSWER

ボクならば、食生活を見直す。
健全な思考を宿せる健康な脳は、
質の高い健康的な食生活によって
創られるモノだから。

要 POINT

加工食品や精製糖ばかりの
食生活では、
カラダだけではなく、
精神的なバランスも
崩れやすい。

GACKT'S OPINION 論

近年では、「鬱病は気持ちの病気ではない」と言われている。
ストレスによって、カラダの一部分としての脳が変化し、
神経伝達物質が減少することで、
鬱の症状が引き起こされている可能性が高い、
という研究結果が数多く報告されている。
つまり【脳】が健康的であれば、鬱病の症状が緩和される。

ストレスの対処には、ボクの【思考術】が役に立つ。
健全な思考は、脳に掛かる無駄な負担、ストレスを軽減する。
そして【脳】そのものの健康は、日々の食事が担っている。
食事を変えれば、カラダも、【脳】も、変化する。

加工食品や精製糖ばかりの、偏ったバランスの食生活を送り、
さらには運動不足の日々を繰り返しているヤツは
経営者にもいる。ボクは彼らに言う。

「オマエ、**自分の食もカラダも管理できていないのに、**
どうやって人の命預かんの？
どうやって健康な脳を維持できるんだ？」

健全な思考は、健康な脳に宿る。
健康な脳は、
健康的な食生活で創られる。

1日1食のススメ

オマエの中の、狩猟本能を目覚めさせろ。

QUESTION

GACKTさんは
1日1食とのことですが、
どういった意味があるのでしょうか？

ANSWER

人間が狩猟民族であった頃から持つ、
【空腹だからこそ行動的になる】という
本能を呼び起こすためだ。

要 POINT

欲しいモノが
欲しいときにすぐ
簡単に手に入るのなら、
人間は何もしなくなる。

GACKT'S OPINION 論

ボクは、1日に1食しか食べない。

人間は、太古に狩猟民族であった頃のDNAを持っている。
そのDNAには、【空腹になれば狩りをするための集中力が増す】
というサイクルが刻まれている。
つまり、満腹であれば狩りをする必要が無いので、
何かを得ようとする行動が抑制されてしまう。
さらに言えば、現代人にありがちな、好きなモノを
好きなだけ食べてしまう習慣は、本来の本能を鈍化させる。
欲求をコントロールすることも難しくなっていく。
ボクはラーメンが好きだ。
好きだからこそ、**1年に1回しか食べない。**
ボクは米が大好きだ。
大好きだからこそ、いつか死を迎える日まで食べない。

すべてが満たされた現代だからこそ、
自ら欲求を抑え、飢えた状態に自らを置かなければ、
ボクたちの本能はどんどん鈍くなっていく。
食欲を飼い慣らし、**狩猟民族の本能を目覚めさせろ。**

満たされ肥えた、豚になるな。
飢えていると目つきが変わる。
いつでも狩りにいける、狼であれ。

GACKTを維持するのは
とてつもなくシンドい。
ボクは、それでも
GACKTであり続けたい。

life

過去を振り返るな。
未来へ向かえ。
オマエの人生は
オマエが想像し、創造するんだ。

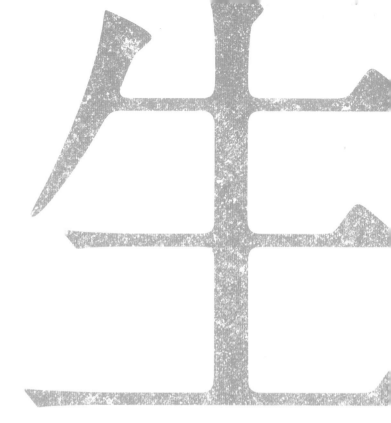

人生は有限
明日が来る
保証は無い

行動しろ
ひたすらに

オマエは、未来に向かって準備をしているか？

未来が不明瞭なヤツ、未来に恐れを抱いているヤツ、
いろんなヤツがいる。

未来が不明瞭で、不安なオマエ。
まずは身近にある、やるべきことを、真摯にやれ。
同じ場所にいても、地団駄を踏むだけでは
先には進まないことに、いい加減に気づけ。
なにがなんだかわからなくても、ひとまず行動する、
そんな推進力を持てるヤツに、運命の女神は微笑む。

未来に恐怖を抱き、「来ないで」と祈ってしまうオマエ。
その恐れの正体はなんだ？ 年齢か？ 自分が失われていく感覚か？
案ずることはない。**本来、歳を重ねていくとは素敵なことだ。**
ボクを見ろ。
年々、できることも、その範囲も、手にした成果も、増えている。

「自分に自信が無いからできない」「歳を取ったらできない」
そんなのは、ただの言い訳だ。
【自信】は、自らの行動をひたすら積み重ねることで生まれるもの。
そして、正しい努力を続けていれば、歳を重ねることは怖くない。
美しく歳を重ねた分だけ、人の色気や雰囲気が滲み出る。
ボクはいまだに毎日いいオンナを抱き、人生の悦びを感じている。

言い訳ばかりしている、そこのオマエ。
その間にも、時間は刻一刻と過ぎ去る。
今日を生きられなかったヤツもいるんだ。
すぐさま行動に移せ。未来の自分が後悔しないように。

人生にもっとも必要なのは、【幸福】だ。
そして、人生をより豊かにしてくれるモノが富であり、
富を得るために必要なのが、【成功】だ。

もしオマエが、幸福と富の両方を手にしたければ、
オマエは【成功】ではなく、【成幸】を手にする必要がある。
富があるだけでは、【幸福】だとは言えない。
いくら富を持っていても、周りに信頼できる人間が1人もおらず、
孤独に苦悩しながら生きているような金持ちの人間や、
カネを稼ぐために日々を過ごすストレスで人生の愉しさを見失い、
絶望している経営者もいる。

人生において、心から幸福を感じるためには、
オマエ自身の【美学】【思考】【行動】【発言】【感情】という、
生きるうえで大切な5つの要素が
ハーモニーを奏でている必要がある。
このハーモニーが崩れると、幸福を見失う。
美学に基づく思考にそぐわない行動。行動の伴わない発言。
それらの、つじつまが合わない不協和音から派生する負の感情。
これらが存在する限り、ストレスは抱えても、
【成幸】のハーモニーを奏でることはできない。
美学に基づく思考によって導き出される、
自分がするべきベストな行動。
行動が伴い、自信に満ち溢れた発言とコミュニケーション。
なんの後ろめたさも無い、充実感に溢れた日々の感情。

幸福と富、どちらが欠けても人間はストレスを感じる。
一度きりの人生。
オマエなら、そのどちらも手にすることができるはずだ。

幸福と富

未来は行動でできている

未来を変えるためにすべきこと。

QUESTION

なにかと考え過ぎてしまい、
なかなか実行できません。
段取りを考えないべきでしょうか？

ANSWER

段取りは大切だが、
行動するのが前提だ。
行動できないほど悩むのは、
段取りではない。考える前に、動け。

要 POINT

段取りは、簡潔に検討しろ。
【まず動く】をクセづければ、
最速で結果を出せる。
改善点も、見つけやすい。

GACKT'S OPINION 論

行動する前に、ゴチャゴチャ頭の中で考えたとしても、
答えは出ない。
行動すれば、少なくとも答えは出る。
その答えに対して、どう対処するのかが大切だ。

もちろん、段取りは大切だ。
だが、頭の中で悩んだまま行動しない、
というのは段取りではない。

普段の生活でも、仕事でも、恋愛でも、
まずは【行動すること】を心掛けろ。
オマエが動かなければ、
何も動かない。

あれこれ考える前に、とにかく動け。
そうすれば、**他人よりも早く結果を導き出せる。**
その結果に対してまた行動すれば、**結果は必ず改善する。**

それが、新たな未来のためのファーストステップだ。

GACKTは【即行動】。
結果が出なければ、あらゆる策を
講じて、結果が出るまで動くのみ。

夢は必ずある

夢の定義を間違っていないか？

QUESTION 自分には夢という夢がありません。
いつか見つけたいのですが、
探し方もわかりません。
どうすれば見つかるのでしょうか？

ANSWER 【夢】が思いつかないのであれば、
【欲】と言い換えて考えろ。
欲の無い人間はいない。

要 POINT

【夢】なんてモノは、
立派な目標である
必要は無い。

GACKT'S OPINION 論

夢を持つことは、成功を手にするうえでの原動力だ。しかし、
30代、40代になるにつれ、【夢】という言葉すら語らなくなる。
20代の子たちでさえ、「まだ夢が見つかりません」などと
言っている。オマエら、【夢】の定義を間違ってないか？

**【夢】なんてモノは、立派な目標である必要も無ければ、
「他人からどう思われるか？」などと気にする必要も無い。**
もし【夢】が思いつかないのであれば、
【欲】と言い換えて考えろ。それでも思いつかなければ、
【物欲】【性欲】【食欲】【出世欲】など、具体的な【欲】を考えろ。
絶対にあるだろ？
高級車が欲しい。金髪のモデルとSEXがしたい。
最高に美味いフカヒレを致死量まで食べてみたい。
労働から解放された経営者になりたい。
どんな卑しい【欲】であったとしても、
それはオマエにとっての叶えるべき立派な【夢】であり、
成功を手にするための、もっとも重要な人生の原動力だ。
「この夢を叶えるんだ」、というマインドセット。
すべては、そこから始まる。

何を選ぶか？
よりも、
選んだあと、どう動くかが最重要。

理想の場所に住め

まずは環境を変えろ。

QUESTION

GACKTさんは
すごい豪邸に住んでいますが、
夢を叶えれば、自分もそんな場所に
住めるのでしょうか？

ANSWER

夢を叶えたから住んでいるのではない。
夢を叶えるために、
それに近い場所に住むのだ。

要 POINT

夢があるなら、
将来、
その夢を叶えたオマエは
どこに住んでいる？
想像しろ。

GACKT'S OPINION 論

【どこに住むか】という選択は、
【何を目的にしているか】で変わる。
周りの評判がどうとか、世間の常識がどうとか、
そういうベクトルは意味を持たない。

オマエは今、
自分の夢や目標に、少しでも近い場所に住んでいるか？

ハリウッドスターになりたければ、
ロスに移住すればいい。
世界一のITエンジニアになりたいなら、
シリコンバレーに移住すればいい。

夢に近い場所には、夢を叶えた先駆者たちもいる。
そういった人たちとの出会いもある。
家賃が高いなら、それを実現するために、
稼いでいく方向へと、脳もシフトする。
まずは、住む場所から変えろ。

オマエがボクのように
なりたければ、
マレーシアに来い。

ライフスタイルの組み方

自分の理想に素直になり、環境を整えろ。

QUESTION

理想のライフスタイルは
漠然とイメージできるのですが、
それを実生活に落とし込むには
どうしたらいいのか、わかりません。

ANSWER

まずは、オマエのプライオリティを
自分で把握しろ。そのうえで、
懸けたい部分に全力を懸けられるよう、
周りも巻き込んで体制を整えろ。

要 POINT

オマエが
【一番大切にしたいコト】
それを最優先にするために
最適なのは、
どんな環境だ？

GACKT'S OPINION論

30代の頃のボクは、
【仕事におけるクリエイティビティを発揮すること】が
愉しくて、寝る間を惜しんで人に会いに行き、
必要な縁を紡ぎ、情報やアドバイスを拾った。
様々なジャンルで新しい挑戦を試み、自分の可能性を拡げ、
ときに新しく見つけた趣味に没頭するのが、
面白くて仕方がなかった。
仕事ばかりだった日々のあと、40代に入った頃のボクは、
【自分の時間を作ること】にプライオリティを置くことにした。
そのためにボクは、海外に引っ越す選択をした。周りは慌てた。
だがボクは、「これは決定事項だ。それを達成できるのに
必要十分な仕事とスタッフだけが残ればいい」と宣言し、
結果、その通りになった。**ボクは望む生活を手に入れている。**

人生の優先順位は、常に自分の新たな欲求に伴い、柔軟に変化
していくものだ。しかし「周りのため」「安定が大切だ」と
自分の心を押し殺していては、何も変わらない。
「どうしたら心地良く自分のプライオリティを達成できるか?」
真摯に考え、必要に応じ周囲を巻き込み、環境ごと変えていけ。

ボクの人生において、
プライオリティの
邪魔となる者は不要。

踏み出すコツ

挑戦するクセをつけろ。

行動が大切、チャレンジが大切。
GACKTさんの言うことが正しいとは
思いますが、なかなか踏み出せません。
どうすればいいのでしょうか?

小さなことでいい。
未体験のことにチャレンジし、
1歩を踏み出すクセをつけろ。

要 POINT

1歩を踏み出し続ければ、
新しいことをする際の
恐怖心を拭い去り、
探究心を高め、好奇心を
増幅させることができる。

GACKT'S OPINION 論

もしオマエが、
何かに対して**踏み出すことを躊躇っている**のなら、
踏み出そうとするたび、
恐怖を感じてしまうクセがついている。

だとすれば、どれだけボクがカラダを張って
「やればできる」と伝えても、なかなか動けないはずだ。

そんなオマエが1歩を踏み出す勇気を持つためには、
小さなことでいい、
【やったことがないこと】にチャレンジして、
【踏み出すコツ】を身につけろ。

経験の無いスポーツにチャレンジする、
知らない人に話し掛ける、カネを持たずに旅に出る。
苦手なこと、自分にはできないかもしれないこと、
どんなことでもいい。そうやって、恐怖と向き合い、
未開の地に踏み出す勇気を養え。

小さな1歩を積み重ねれば、
いつか大きな1歩となる。

世界を旅しろ

日本人よ、視野を拡げろ。

QUESTION

GACKTさんは海外によく行ってますが
海外って、そんなにいいですか？
国内にもいいところはありますよね？

ANSWER

海外を知らなければ、本当の意味で
日本を知ることはできない。
オマエの世界を拡げるためにも、
海外には行ったほうがいい。

要 POINT

日本から出なければ、
圧倒的に狭い視野になる。
世界は広く、日本には
存在しない価値観もある。

GACKT'S OPINION 論

ボクは、これまでに様々な国を訪れた。どの国に住むかを検討し、
その結果、今はマレーシアに住んでいる。

日本人は、なかなか旅に出ない。閉鎖的な島国民族であり、
語学力も極端に弱い、というのがその要因だ。
海外に行っても結局、日本人しかいないような観光地に行き、
海外在住の日本人とだけ仲良くなる。
自分で自由に旅をするのを不安がり、
旅行代理店のパッケージツアーで、添乗員任せの旅をする。
旅とは、そういうモノだけではないはずだ。
往復のチケットだけを買い、旅のプランを自分で組んでみろ。
現地の人が行くマーケットで買い物をし、
現地の人とともに食事をし、友情を育め。

そういった旅をすれば、いかに自分の世界が狭いかがわかる。
多くの素晴らしい出会い、美しい景色、鮮烈な体験。
旅に出れば、オマエ自身の世界も変わる。
そして、日本以外の国を知ることで、日本の良さも悪さも、
本当の意味で知ることができるんだ。

日本を愛するが故に、
ボクは海外を旅する。

武器を捨てろ

因果応報から抜け出す方法。

QUESTION 問

いろんな人に裏切られました。
このツラい気持ちを
どうしたらいいのでしょうか。

ANSWER 答

裏切った人間を許せ。
因果応報の鎖から抜け出すために。
許せないことでも許してやれ。
オマエのためだ。

要 POINT

恨むのではなく、
許すことから始めろ。
銃を下ろせと伝えるために
銃を向けるんじゃない。
まずオマエが下ろすんだ。

GACKT'S 論 OPINION

人は自分が得意な武器で、いつか倒される。
カネでのし上がるヤツは、誰かにカネで倒される。
愛を喰って生きるヤツは、愛で痛い思いをする。
暴力でカタをつけるヤツは、暴力でカタをつけられる。
人のモノを盗むヤツは、大切なモノを盗まれる。
誰かを虐めたヤツは、いずれ自分の家族が虐められる。
嘘をつくヤツは、嘘をつかれる。
裏切るヤツは、誰かに裏切られる。

因果応報。もしオマエにあてはまるところがあるのなら、
方向転換しなければ痛い目に遭う。
恨むのではなく、許すことから始めろ。
銃を下ろせと言いたいがために、銃を向けるんじゃない。
まずは、オマエが下ろすんだ。
もちろん、これは大きな勇気がいる行為だ。
その優しさと勇気を、相手にだけではなく、
自分自身に示すことから、すべては始まる。
そうすれば、
オマエは因果応報の道から外れることができる。

武器は誰かを
傷つけるためではなく、
大切な人を護るために持て。

暗闇の星空

絶望的な状況など、無い。

QUESTION

仕事も人間関係も最悪。
ただ、日々を消化するように
生きています。
成功なんて、夢のまた夢ですよね？

ANSWER

現状は最悪だ、としか認識できない
ようなヤツは、成長もしない。
もちろん、そんなヤツに成功など、
永遠に訪れない。

要 POINT

現状に文句を言う人間は、
現状における
悪い部分しか見ていない。
視点を変えて
やるべきことを見出せ。

GACKT'S OPINION 論

灯りの無い夜には、本は読めない。
だが、見上げれば星空がある。
同じように、現状でできないことに絶望するのではなく、
【今だからこそできること】にフォーカスしろ。

家が無ければ、旅に出ることができる。
車が無くても、歩きの速度でしか見られない景色を瞳に刻める。
恋人がいないということは、新しい恋ができるということ。

成功したければ、今の環境の悪い部分を見ずに、
自分にとって有益となる部分や、課題となる部分を見るべきだ。
やれることが見つかったならば、
来たるべき戦いのときのために、刀を研げ。
ただ文句を言ってるだけのヤツには、
やるべきことを探すことすらできず、刀は研げない。
しかるべきときが来ても武器さえ無く、**何もできずに終わる。**

オマエにとっての、暗闇の星空はなんだ？

GACKTは、オマエの月だ。
たとえ見えないときも、
必ずそこにいる。
オマエを見守っている。

歳は【重ねるモノ】

歳は【取るモノ】ではない。

QUESTION

人が年齢とともに老いていくのは
自然なことだと思いますが、
GACKTさんはなんで
老けないのですか?

ANSWER

ボクも人間だ。
年齢とともに、そりゃ老ける。(笑)
ただ、老けるスピードは
他の人よりもずっと遅い。

要 POINT

ボクは歳を取らない。
歳を重ねている。
経験と実績とともに。
だから、人生が充実する。
だから、顔にもハリが出る。

GACKT'S 論 OPINION

【歳を取る】ことと【歳を重ねる】ことは、根本的に違う。

【歳を取る】というのは、
必要なこと、やらなきゃいけないことを、省いていくこと。
年齢とともに、カラダは動かなくなる。
しかし、それは年齢のせいではない。
やるべきことをやらなかった、その結果だ。

【歳を重ねる】とは、今必要なことと、
これから必要になるであろうことを予測し、
課題として積み重ねていくこと。
それらを達成し続ければ、経験と実績が積み重なる。
トレーニングも積み重ねれば、現役のカラダを維持できる。

イチロー選手や、三浦知良選手も
ボクと同じように【歳を重ねる】意識で、長い現役生活を送り、
パフォーマンスの質を上げ続けた。
年齢は、言い訳にはならない。
むしろ年齢とは、オマエの努力と成長の証なんだ。

ボクは今が、最強で最狂。
来年はまた１つ、
レベルアップする。

次の 10 年のために

自分の未来に、何を残すか。

QUESTION

今、仕事に忙殺されています。
少し休んで、楽しめるときに
なるべく楽しんだほうが
いいのでしょうか？

ANSWER

大いに遊ぶことはいいことだ。
しかし仕事は仕事。
決して疎かにしてはいけない。

要 POINT

今、この瞬間が
オマエの未来を創る。
休んだり手を抜けば、
オマエの未来も
それなりのモノとなる。

GACKT'S 論

周りのミュージシャンを見渡すと、
40代でも最高のパフォーマンスができている者は、ごく少数。
30代で上手くいってしまったミュージシャンたちは、遊び過ぎて
しまい、40代で音楽的にも身体的にもガタがきている。
仕事でも同じだ。
30代の仕事のやり方で、40代の仕事が変わる。
10代だろうが20代だろうが同じこと。
今の過ごし方が、そのまま未来の自分を変える。
当たり前のことだ。

ダラダラと過ごせば、それは【未来の負債】となる。
逆に今カラダを鍛えれば、今新しい知識を仕入れれば、
それらは未来への貯蓄となる。

今が良ければいいのなら、無駄に今を消費すればいい。
しかし、「昔は良かったな」なんて愚痴を言う未来が嫌ならば、
今すぐ行動を変えろ。**何もしていないのなら、行動しろ。**
10年後にその結果が必ず現れる。
後悔しても、時間は二度と戻らない。

今日もボクは、10年後の 理想のGACKTを仕込む。

大きな夢は眩しい

まずは、見える目標を捉えろ。

QUESTION

大きな夢があります。
けれど、あまりにも遠く感じます。
どうすれば1歩でも近づけますか?

ANSWER

まずは、具体的で、明確で、
実現可能な目標を設定し、
期限を決めて達成しろ。

要 POINT

大きな夢は眩しく、
そこまでの道が見えにくい。
ガムシャラに進むのは
非効率だ。

GACKT'S OPINION 論

大きな夢、輝かしい未来というのは、
大き過ぎるが故、輝かし過ぎるが故、
眩しくて見えないモノ。
ゴールも見えないのに、スタートが切れるか？
もっと目に見える、届きそうな【目標】を設定しろ。

現実的で、具体的かつ明瞭な【目標】を定め、
まずはそこを目指す。
【達成期限】を決めることも大切だ。
期限が無ければ、人はダラける。

1つの目標を達成すれば、
おのずと次の目標を設定できるようになる。
それをひたすら繰り返せ。
いつの間にか【眩しくて見えなかった輝かしい未来】が、
目前の【達成可能な目標】になっているはずだ。

もちろん、手が届くようになった未来を掴む頃、
次の未来は、さらに遠くで、まばゆい光を放っている。

ボクの未来は誰よりも眩しい。
サングラスが必要なほどに。

未来像のために生きろ

理想を追い求めるメンタル。

QUESTION

やりたいことがありますが、
なかなかお金になりません。
自分の心に矛盾の無い道を貫きつつ、
稼ぐ方法はありますか？

ANSWER

自分の理想の未来像と矛盾の無い
まっすぐな道を行け。
カネが必要ならば、
応援してくれる誰かを探し出せ。

要 POINT

自分の夢を真摯に語り、
また行動を背中で魅せ、
誰かの心を動かせば、
サポーターが生まれる。

GACKT'S OPINION 論

現実が理想と矛盾しているのなら、オマエが、
やりたいことをやっている自分の姿、理想となる未来像を描け。
そして、その未来像に向けて必要なことを積み重ねろ。

ボクはかつて、音楽を続けていくために、
50人のサポーターを作るということをスタートラインにした。
水商売で稼ぐという選択肢もあったが、そうしなかった。
なぜか？
水商売に明け暮れ、
音楽を疎かにする音楽仲間の姿をたくさん見てきたからだ。
そして、普通のバイトに明け暮れ、六畳一間で
貧乏生活に耐えながら、日の目を見る瞬間をひたすら待つ、
そんな姿は、ボクの理想とするGACKTではなかった。

まず自らの未来像を描け。
今収入が無かったとしても、その未来像と矛盾の無い人生を歩め。
自分の手に何も無ければ、誰かに助けてもらってもいい。
そのために、オマエの生き方を応援してくれる、
真の仲間や、サポーターを探せ。

ボクは常に、ボクが理想とする
GACKTであり続ける。
そのためには、なんでもやる。

オマエは、【どう生きるのか】。

「こういうふうに生きたい」「ああいうふうに生きたい」
そういった言葉を、よく耳にする。

【どう生きたいか】というのは結果であり、目的地とも言える。
しかし、目的地があるだけでは、
どうすれば辿り着けるのかがわからない。
目的地までの道のり、手段が必要だ。
それが、【どう生きるのか】ということ。

たとえば、目的地まで車で行くのか、自転車で行くのか、
あるいは歩いて行くのか。何を選ぶかによって、
目的地までに必要な時間も、見える景色も、まったく違う。

【どう生きたいか】に向かって人生の歩みを進めるとき、
【どう生きるのか】によって、
人生の日々は1日単位で、まったく変わってくる。

そして、その1日が1年で365回のルーティンとなる。
【365日×生きる年数】が人生なのだから、
【どう生きるのか】を選択することは、
オマエの人生を形成すること、そのものだ。

そして、【どう生きるのか】という
選択を司(つかさど)るのが【思考】。

この本でボクは何度も、【思考こそが行動を生む】、
そして【行動こそが結果を生む】、と書きつらねた。

つまり、思考を変えれば生き方が変わる。

しかし、思考を変えるということは難しい。
冒頭に書いた通り、人間はそう簡単には変われない。
脳は、その特性として変化を避け、新しい情報を嫌う。
「老いた犬に新しい芸は仕込めない」これは人間にもあてはまる。
年齢を重ねれば、なおさらだ。

だからこそ、
心から【変わりたい】と決意するならば、
新たな思考を手にし、それを理解したうえで、
カラダの中に刷り込むようにアップデートする必要がある。
そうやって、初めて思考を変えることができる。

そして、思考というモノに一般論としての正解は存在し得ない。
なぜなら、【どう生きたいか】によって、正解は様々だからだ。
オマエは、オマエ自身の正解を自分で決める必要がある。
つまりは、何に【プライオリティ】を置くかを
キーワードとして明確にする必要がある。

「どう生きたいんだ？」

そう聞いたとき、多くの人はこう答える。
「お金持ちになりたい」
「有名になりたい」

そしてボクは尋ねる。
「お金持ちって、どのくらいだ？」
「何において、有名なんだ？」

カネが欲しいのならば、
それが1000万なのか1億なのか10億なのか、
その金額によって稼ぎ方が変わる。思考も行動も変わってくる。
有名になりたいのであれば、
コアマーケットにおいて、有名になりたいのか、
マスマーケットにおいて、有名になりたいのかで、
やり方は異なる。
極端な話、有名になるだけなら、
殺人鬼になったとしても、有名になることはできるのだから。

漠然とした目標では、
そこに辿り着くための道のりを選び取ることも困難だ。

「幸せになりたい」
よく耳にする、そんな目標も同じこと。
漠然とした答えしか持たない人間は、国語で答える。
結果を出す人間は、数字で答える。

もう一度聞こう。
オマエはどう生きたい？

オマエの人生における
【プライオリティ】はなんだ？

ボクの【プライオリティ】は、
【24時間の振り分け方を、ボクが決めた時間で行動できるかどうか】
に尽きる。

若い頃、特にソロになってからのスケジュールは、
恐ろしいほどにパンパンだった。
休みなどなかったが、それでも、
【カネさえ稼げば幸せになれる】と誤解していた。
しかし、**いくらカネを稼いでも、満足できない。**心は落ち着かない。
まったく幸せを感じられない。
ボクにとって、カネは直接的な幸せではないことを知った。

では、何がボクにとっての幸せなのか。
そう考えたときに、そもそもボクは
自分の幸せのためのタイムマネージメントができていない、
ということに気がついた。

そしてボクはすぐに、**時間の使い方を変える**ことにした。
【プライオリティ】を再選定した。

ボクは1日に3時間の睡眠をとり、
起きてからの2時間は、コーヒーをゆっくりと飲む時間に使う。
そこから本を1時間読んで、仕事を3時間やり、
また1時間、コーヒーとともに休憩を取る。
それから、トレーニングを2時間やる。
そして、夜は会食に行く。

そうやって1日のルーティンを決めたときに、
「日本にいたらこのタイムマネージメントでの生活は難しい」
と感じた。なぜなら他の人たちのタイムマネージメントのセンスと、
ボクのそれとがあまりに違うことで、
ボクの**大切な時間を削られる**可能性があるからだ。

人によっては、ボクが仕事を3時間しかしないこと、
Coffee Breakをたっぷり取ることが、無駄に見えるかもしれない。
しかし時間というモノは有限だ。
1日に24時間しか存在しない。
だからこそ、無駄にも見えるゆったりとした時間を過ごすことが
ボクにとっての最高の【贅沢】であり、
【優雅】な時間ということなんだ。

1日を過ごす中で、【優雅】な時間が増えれば、
生きていることに【感謝】できる。そこに【感動】も生まれる。

その**環境を創るためにタイムマネージメント**をし、
そして住む場所、住む国を選んでいる。

住む場所を選ぶ基準は、人によって様々だ。
食事・気候・物価・言語・環境・宗教。

ボクが住む国を選ぶうえでの【プライオリティ】は、
【食事】【物価指数】【気候】【日本との時差】だ。

まず第一に、カラダを構成している、
そして1日に一度しか摂らない、【食事】。
どんなに環境が良い国でも、【食事】が不味ければ、終わっている。

ボクは外食しかしないと決めている。
レストランで美味しい食事をし、会計の際に、
「えっ、こんなに安いのか？」
と感じる金額であれば、ボクはそこに【感動】する。
こんな素晴らしい物件に、こんな家賃で住めるんだ、
ということも【感動】に繋がる。
ただ安いから、ではない。
高いクオリティでも、自分の想像よりもはるかに安い、ということ。
よってその国の【物価指数】も、とても重要な要素となる。

そして、ボクは、寒さ、暑さ、乾燥に敏感だ。
すなわち、エアコンを使わずに快適に過ごせる気温であり、
適度な湿気がある【気候】が必要だ。

毎日、自宅でハードなトレーニングをし、
リビングにあるプールの水面にそよぐ風をカラダで感じるとき、
「最高だな」と思わず口にする。

「生きていて良かった」と、【感謝】の言葉が浮かぶ。

ボクはまだ、リタイアしない。

それは、ボクの貯蓄がどうのという話ではない。
まだまだ生きているうちにやりたいことが、たくさんあるからだ。
よって、ビジネスを続けている限りは、
【日本との時差】も重要となってくる。
社内だけであれば、
日本にいるスタッフが、活動時間をボクに合わせれば済む。
しかし、社外とのやり取りや確認を要する限り、
日本時間でマーケットがオープンする時間を
待たなければいけなくなり、スピードが損なわれてしまう。

ボクの【プライオリティ】をすべて考慮し、
世界の70ヵ国、350都市以上を周ったうえで、
【食事】が世界一だと感じ、【物価指数】がリーズナブルで、
ボクに適した【気候】があり、【日本との時差】が少ない、
ボクにとってのベストな都市、
マレーシアのクアラルンプールに移住した。

決して日本がダメ、ということではなく、
ボクが求める条件に、日本が入っていないだけの話だ。

マレーシアだからこそ、
ボクは、より生きていて愉しい、幸せだと感じられる。
【生きなければならないから】でも、【生かされている】のでもなく、
自分で【どう生きるか】を選び取る人生。
1日に何度も【感動】と【感謝】を感じて生きられるように、
住む場所を選定する。

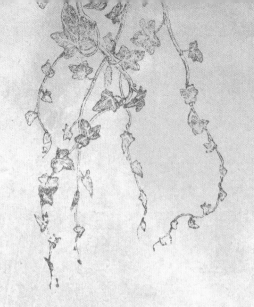

【プライオリティ】が明確になれば、
それに伴い、思考も変わる。
思考が変われば住む場所はもちろんのこと、
その人自身の行動が変わる。

1つ例を挙げよう。

ボクが日本にいると、いろいろな人たちから
「時間を作ってくれませんか」とオファーがある。
実際ボクは、**他人に対して簡単に時間は割かない**から、
「時間は無い」と答える。
「どのタイミングだったら時間がありますか？」と重ねて聞かれたら、
「海外だったら時間が作れるよ」と返事をする。
みんなに同じことを言う。

そのとき、「あぁ、そうなんですね。わかりました」で終わる人が半分。
残りのほとんどが、
「戻られましたら、また時間を調整させてください」で終わる。
ごく一部が、「そこに行けば会えますか？」と聞いてくる。
ボクは、「海外だが、来るのなら会う」と、
相手の行動力を試すような返事をする。

そこで「じゃあ行きます！」という人間は、おそらく数人しかいない。
もちろん、打ち合わせだけなら Zoom でもできる。
しかし、わざわざ時間を掛けて海外にまで会いに来るとなれば、
感じる情熱も、受ける感動も違う。
そこまで行動で魅せてくれるのなら、ボクも何かを返したくなる。

以前、若い子に「兄さん、海外にいるんですか？」と聞かれて
「いるよ。来るか？」と言った瞬間、
食い気味で「行きます！」と言われたことがある。
その決断力には心が動いた。
だから、「でも、今はカネが無いんです。
兄さん、カネだけ、出してもらえませんか？」
そう言われても、「わかったよ」と苦笑いで承諾した。

海外、という特殊なシチュエーションでなくても同じだ。
ボクは一緒に仕事をするときに、
常に3つのことを判断基準にしている。

1つ目は、**金額。**
ボクが動くほどの金額か。
2つ目は、**仕事の内容。**
カネを度外視してもボクの心が「やりたい」と感じる仕事か。
3つ目は、**相手のことを好きかどうか。**
その相手と一緒に何かがしたいと思えるか。

この3つだ。

もしも若い子で、カネが無く、
仕事の質もまだ足りていないとしても、
圧倒的な行動力さえあればボクは感動し、面白いなと感じる。
行動力を持つ者は、なによりも説得力を持ち、
信頼できる相手として、一緒に仕事をしたいと思わせてくれる。
そして、その圧倒的な行動力の原動力となるのが
【プライオリティ】だ。

「GACKTと仕事をしたい」ということが
【プライオリティ】の最上位にあれば、
場所も時間も関係無く、
それを最優先にするという行動を選ぶことができる。
【何をさしおいても、ボクと会おうとする情熱・行動】に
ボクの心は動く。
そして、【GACKTをも動かす行動力】を持つ人間ならば、
他の誰かを動かすことなど容易なはずだ。
どんなにカネが無かろうが、経験が無かろうが、
たとえ、何も持たない人間であっても、【行動力】さえあればいい。

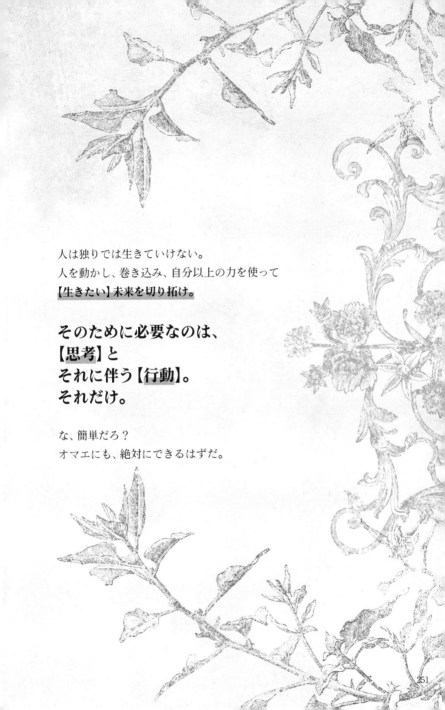

人は独りでは生きていけない。
人を動かし、巻き込み、自分以上の力を使って
【生きたい】未来を切り拓け。

そのために必要なのは、
【思考】と
それに伴う【行動】。
それだけ。

な、簡単だろ？
オマエにも、絶対にできるはずだ。

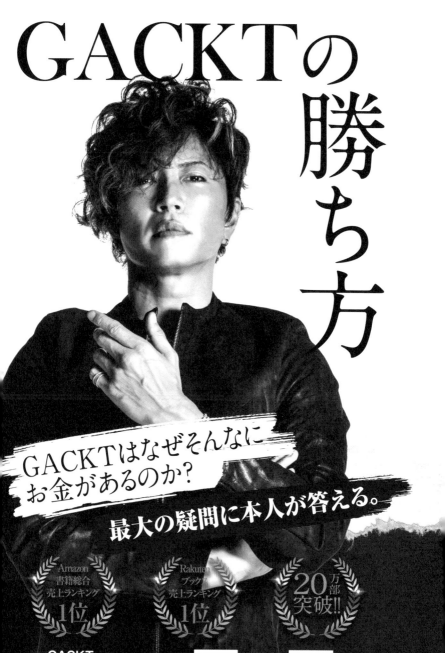

GACKTの勝ち方

GACKTはなぜそんなにお金があるのか?

最大の疑問に本人が答える。

Amazon
書籍総合
売上ランキング
1位

Rakuten
ブックス
売上ランキング
1位

20万部突破!!

著者 **GACKT**
定価 ¥1,500+税
発行 NORTH VILLAGE
発売 サンクチュアリ出版

GACKT
新刊情報を
配信する
OFFICIAL LINE

特別インタビュー、
制作秘話、
視聴動画を
YouTubeにて
公開中!!

前著『GACKTの勝ち方』。
オマエは、もう読んだのか？

この本でボクは、これまでの人生を振り返り、
エピソードと共にGACKTの
【信念】【哲学】【美学】【勝ち方】
などについて語った。

メディアというモノは、
ときに事実とは異なる偶像を生み出す。
嘘の情報があたかも本当かのように全国に流れ、
真実とデマが錯綜すれば混乱を呼ぶ。

「GACKTって何者なの？」
「なんか怪しい…」
「何をやってそんなに稼いでいるのか？」

メディアによって創り上げられたイメージで
GACKTを判断されるより、
ボク自身が包み隠さずGACKTを語ったほうが、
今後、GACKTからオマエたちに向けたメッセージが
真っ直ぐに心に届くと思い、『GACKTの勝ち方』を執筆した。

この本を読み、オマエが動き出すことを願う。

特装版

『GACKTの勝ち方』を
本人が読み聴かせる、
特装版(ハードカバー)
朗読CD3枚組付き

『GACKTの勝ち方』特装版
販売特設サイト
https://northvillage.asia/gacktnokachikata/

GACKT

×

COLLABORATION
SHISHA LOUNGE

2021
COMING
SOON

CERTIFICATE

The product has been
gold-plated with
a layer of
24-carat gold

Quality controlled by

WOOKAH

WOOKAH

GACKT

NORTH
VILLAGE

GACKT 超思考術

2021年1月8日　第1刷発行
2021年1月26日　第2刷発行

著者　　　　GACKT

デザイン　　高橋賢治
写真　　　　RYO SAITO
編集・制作　甲斐博和／本田恵理

発行者　　　北里洋平

発行　　　　株式会社NORTH VILLAGE
　　　　　　〒150-0042 東京都渋谷区宇田川町34-6 M&Iビル1F
　　　　　　TEL 03-6809-0949　www.northvillage.asia

発売　　　　サンクチュアリ出版
　　　　　　〒113-0023 東京都文京区向丘2-14-9
　　　　　　TEL 03-5834-2507／FAX 03-5834-2508

印刷・製本　創栄図書印刷株式会社

ISBN978-4-86113-379-4
PRINTED IN JAPAN
©2021 NORTH VILLAGE Co.,LTD.

NORTH VILLAGE